Goethe | Novelle · Das Märchen

Johann Wolfgang Goethe

Novelle

Das Märchen

Nachwort von Cornelia Zumbusch
Anmerkungen von Adrian Renner

Reclam

Zu Goethes *Novelle* gibt es bei Reclam
– eine Interpretation in: *Erzählungen und Novellen des 19. Jahrhunderts I* in der Reihe »Interpretationen« (Nr. 8413)

RECLAMS UNIVERSAL-BIBLIOTHEK Nr. 14086
2021 Philipp Reclam jun. Verlag GmbH,
Siemensstraße 32, 71254 Ditzingen
Gestaltung: Cornelia Feyll, Friedrich Forssman
Druck und Bindung: Eberl & Koesel GmbH & Co. KG,
Am Buchweg 1, 87452 Altusried-Krugzell
Printed in Germany 2022

ISBN 978-3-15-014086-4

Auch als E-Book erhältlich

www.reclam.de

Novelle

Ein dichter Herbstnebel verhüllte noch in der Frühe die weiten Räume des fürstlichen Schlosshofes, als man schon mehr oder weniger durch den sich lichtenden Schleier die ganze Jägerei zu Pferde und zu Fuß durcheinander bewegt sah. Die eiligen Beschäftigungen der Nächsten ließen sich erkennen: man verlängerte, man verkürzte die Steigbügel, man reichte sich Büchse und Patrontäschchen, man schob die Dachsranzen zurecht, indes die Hunde ungeduldig am Riemen den Zurückhaltenden mit fortzuschleppen drohten. Auch hie und da gebärdete ein Pferd sich mutiger, von feuriger Natur getrieben oder von dem Sporn des Reiters angeregt, der selbst hier in der Halbhelle eine gewisse Eitelkeit, sich zu zeigen, nicht verleugnen konnte. Alle jedoch warteten auf den Fürsten, der, von seiner jungen Gemahlin Abschied nehmend, allzu lange zauderte.

Erst vor kurzer Zeit zusammen getraut, empfanden sie schon das Glück übereinstimmender Gemüter; beide waren von tätig-lebhaftem Charakter, eines nahm gern an des andern Neigungen und Bestrebungen Anteil. Des Fürsten Vater hatte noch den Zeitpunkt erlebt und genutzt, wo es deutlich wurde, dass alle Staatsglieder in gleicher Betriebsamkeit ihre Tage zubringen, in gleichem Wirken und Schaffen, jeder nach seiner Art, erst gewinnen und dann genießen sollten.

Wie sehr dieses gelungen war, ließ sich in diesen Tagen gewahr werden, als eben der Hauptmarkt sich versammelte, den man gar wohl eine Messe nennen konnte. Der Fürst hatte seine Gemahlin gestern durch das Gewimmel der aufgehäuften Waren zu Pferde geführt und sie bemerken lassen, wie gerade hier das Gebirgsland mit dem flachen Lande einen glücklichen Umtausch treffe; er wusste sie an Ort und Stelle auf die Betriebsamkeit seines Länderkreises aufmerksam zu machen.

Wenn sich nun der Fürst fast ausschließlich in diesen Tagen mit den Seinigen über diese zudringenden Gegenstände unterhielt, auch besonders mit dem Finanzminister anhaltend arbeitete, so behielt doch auch der Landjägermeister sein Recht, auf dessen Vorstellung es unmöglich war, der Versuchung zu widerstehen, an diesen günstigen Herbsttagen eine schon verschobene Jagd zu unternehmen, sich selbst und den vielen angekommenen Fremden ein eignes und seltnes Fest zu eröffnen.

Die Fürstin blieb ungern zurück; man hatte sich vorgenommen, weit in das Gebirg hineinzudringen, um die friedlichen Bewohner der dortigen Wälder durch einen unerwarteten Kriegszug zu beunruhigen.

Scheidend versäumte der Gemahl nicht, einen Spazierritt vorzuschlagen, den sie im Geleit Friedrichs, des fürstlichen Oheims, unternehmen sollte; auch lasse ich, sagte er, dir unsern Honorio, als Stall- und Hofjunker, der für alles sorgen wird; und im Gefolg dieser Worte gab er im Hinabsteigen einem wohlgebildeten jungen Mann die nötigen Aufträge, verschwand sodann bald mit Gästen und Gefolge.

Die Fürstin, die ihrem Gemahl noch in den Schlosshof hinab mit dem Schnupftuch nachgewinkt hatte, begab sich in die hintern Zimmer, welche nach dem Gebirg eine freie Aussicht ließen, die um desto schöner war, als das Schloss selbst von dem Flusse herauf in einiger Höhe stand und so vor- als hinterwärts mannigfaltige bedeutende Ansichten gewährte. Sie fand das treffliche Teleskop noch in der Stellung, wo man es gestern Abend gelassen hatte, als man, über Busch, Berg und Waldgipfel die hohen Ruinen der uralten Stammburg betrachtend, sich unterhielt, die in der Abendbeleuchtung merkwürdig hervortraten, indem alsdann die größten Licht- und Schattenmassen den deutlichsten Begriff von einem so ansehnlichen Denkmal alter Zeit verleihen konnten. Auch zeigte sich heute früh durch die annähernden Gläser recht auffallend die herbstliche Färbung jener mannigfaltigen Baumarten, die zwischen dem Gemäuer ungehindert und ungestört durch lange Jahre emporstrebten. Die schöne Dame richtete jedoch das Fernrohr etwas tiefer nach einer öden steinigen Fläche, über welche der Jagdzug weggehen musste. Sie erharrte den Augenblick mit Geduld und betrog sich nicht: denn bei der Klarheit und Vergrößerungsfähigkeit des Instrumentes erkannten ihre glänzenden Augen deutlich den Fürsten und den Oberstallmeister; ja sie enthielt sich nicht, abermals mit dem Schnupftuche zu winken, als sie ein augenblickliches Stillhalten und Rückblicken mehr vermutete als gewahr ward.

Fürst-Oheim, Friedrich mit Namen, trat sodann, angemeldet, mit seinem Zeichner herein, der ein großes Portefeuille unter dem Arm trug. Liebe Cousine, sagte der alte rüstige Herr, hier legen wir die Ansichten der Stammburg vor, gezeichnet, um von verschiedenen Seiten anschaulich zu machen, wie der mächtige Trutz- und Schutzbau von alten Zeiten her dem Jahr und seiner Witterung sich entgegenstemmte und wie doch hie und da sein Gemäuer weichen, da und dort in wüste Ruinen zusammenstürzen musste. Nun haben wir manches getan, um diese Wildnis zugänglicher zu machen, denn mehr bedarf es nicht, um jeden Wanderer, jeden Besuchenden in Erstaunen zu setzen, zu entzücken.

Indem nun der Fürst die einzelnen Blätter deutete, sprach er weiter: Hier, wo man, den Hohlweg durch die äußern Ringmauern heraufkommend, vor die eigentliche Burg gelangt, steigt uns ein Felsen entgegen von den festesten des ganzen Gebirgs; hierauf nun steht gemauert ein Turm, doch niemand wüsste zu sagen, wo die Natur aufhört, Kunst und Handwerk aber anfangen. Ferner sieht man seitwärts Mauern angeschlossen und Zwinger terrassenmäßig herab sich erstreckend. Doch ich sage nicht recht, denn es ist eigentlich ein Wald, der diesen uralten Gipfel umgibt; seit hundertundfünfzig Jahren hat keine Axt hier geklungen und überall sind die mächtigsten Stämme emporgewachsen; wo Ihr Euch an den Mauern andrängt, stellt sich der glatte Ahorn, die raue Eiche, die schlanke Fichte mit Schaft und Wurzeln entgegen; um diese müssen wir uns herumschlängeln und unsere Fußpfade verständig führen. Seht nur, wie trefflich unser Meister dies Charakteristische auf dem Papier ausgedrückt hat, wie kenntlich die verschiedenen Stamm- und Wurzelarten zwischen das Mauerwerk verflochten und die mächtigen Äste durch die Lücken durchgeschlungen sind! Es ist eine Wildnis wie keine, ein zufällig-einziges Lokal, wo die alten Spuren längst verschwundener Menschenkraft mit der ewig lebenden und fortwirkenden Natur sich in dem ernstesten Streit erblicken lassen.

Ein anderes Blatt aber vorlegend, fuhr er fort: Was sagt Ihr nun zum Schlosshofe, der, durch das Zusammenstürzen des alten Torturmes unzugänglich, seit undenklichen Jahren von niemand betreten ward? Wir suchten ihm von der Seite beizukommen, haben Mauern durchbrochen, Gewölbe gesprengt und so einen bequemen, aber geheimen Weg bereitet. Inwendig bedurft' es keines Aufräumens, hier findet sich ein flacher Felsgipfel von der Natur geplättet, aber doch haben mächtige Bäume hie und da zu wurzeln Glück und Gelegenheit gefunden; sie sind sachte, aber entschieden aufgewachsen, nun erstrecken sie ihre Äste bis in die Galerien hinein, auf denen der Ritter sonst auf und ab schritt; ja durch Türen durch und Fenster in die gewölbten Säle, aus denen wir sie nicht vertreiben wollen; sie sind eben Herr geworden und mögen's bleiben. Tiefe Blätterschichten wegräumend, haben wir den merkwürdigsten Platz geebnet gefunden, dessengleichen in der Welt vielleicht nicht wieder zu sehen ist.

Nach allem diesem aber ist es immer noch bemerkenswert und an Ort und Stelle zu beschauen, dass auf den Stufen, die in den Hauptturm hinaufführen, ein Ahorn Wurzel geschlagen und sich zu einem so tüchtigen Baume gebildet hat, dass man nur mit Not daran vorbeidringen kann, um die Zinne, der unbegrenzten Aussicht wegen, zu besteigen. Aber auch hier verweilt man bequem im Schatten, denn dieser Baum ist es, der sich über das Ganze wunderbar hoch in die Luft hebt.

Danken wir also dem wackern Künstler, der uns so löblich in verschiedenen Bildern von allem überzeugt, als wenn wir gegenwärtig wären; er hat die schönsten Stunden des Tages und der Jahrszeit dazu angewendet und sich wochenlang um diese Gegenstände herumbewegt. In dieser Ecke ist für ihn und den Wächter, den wir ihm zugegeben, eine kleine angenehme Wohnung eingerichtet. Sie sollten nicht glauben, meine Beste, welch eine schöne Aus- und Ansicht er ins Land, in Hof und Gemäuer sich dort bereitet hat. Nun aber, da alles so rein und charakteristisch umrissen ist, wird er es hier unten mit Bequemlichkeit ausführen. Wir wollen mit diesen Bildern unsern Gartensaal zieren, und niemand soll über unsere regelmäßigen Parterre, Lauben und schattigen Gänge seine Augen spielen lassen, der nicht wünschte, dort oben in dem wirklichen Anschauen des Alten und Neuen, des Starren, Unnachgiebigen, Unzerstörlichen und des Frischen, Schmiegsamen, Unwiderstehlichen seine Betrachtungen anzustellen.

Honorio trat ein und meldete, die Pferde seien vorgeführt; da sagte die Fürstin, zum Oheim gewendet: Reiten wir hinauf und lassen Sie mich in der Wirklichkeit sehen, was Sie mir hier im Bilde zeigten. Seit ich hier bin, hör ich von diesem Unternehmen und werde jetzt erst recht verlangend, mit Augen zu sehen, was mir in der Erzählung unmöglich schien und in der Nachbildung unwahrscheinlich bleibt. – Noch nicht, meine Liebe, versetzte der Fürst; was Sie hier sahen, ist, was es werden kann und wird; jetzt stockt noch manches; die Kunst muss erst vollenden, wenn sie sich vor der Natur nicht schämen soll. – Und so reiten wir wenigstens hinaufwärts, und wär' es nur bis an den Fuß; ich habe große Lust, mich heute weit in der Welt umzusehen. – Ganz nach Ihrem Willen, versetzte der Fürst. – Lassen Sie uns aber durch die Stadt reiten, fuhr die Dame fort, über den großen Marktplatz, wo eine zahllose Menge von Buden die Gestalt einer kleinen Stadt, eines Feldlagers angenommen hat. Es ist, als wären die Bedürfnisse und Beschäftigungen sämtlicher Familien des Landes umher nach außen gekehrt, in diesem Mittelpunkt versammelt, an das Tageslicht gebracht worden; denn hier sieht der aufmerksame Beobachter alles, was der Mensch leistet und bedarf; man bildet sich einen Augenblick ein, es sei kein Geld nötig, jedes Geschäft könne hier durch Tausch abgetan werden; und so ist es auch im Grunde. Seitdem der Fürst gestern mir Anlass zu diesen Übersichten gegeben, ist es mir gar angenehm zu denken, wie hier, wo Gebirg und flaches Land aneinander grenzen, beide so deutlich aussprechen, was sie brauchen und was sie wünschen. Wie nun der Hochländer das Holz seiner Wälder in hundert Formen umzubilden weiß, das Eisen zu einem jeden Gebrauch zu vermannigfaltigen, so kommen jene drüben mit den vielfältigsten Waren ihm entgegen, an denen man den Stoff kaum unterscheiden und den Zweck oft nicht erkennen mag.

Ich weiß, versetzte der Fürst, dass mein Neffe hierauf die größte Aufmerksamkeit wendet; denn gerade zu dieser Jahrszeit kommt es hauptsächlich darauf an, dass man mehr empfange als gebe; dies zu bewirken ist am Ende die Summe des ganzen Staatshaushaltes, so wie der kleinsten häuslichen Wirtschaft. Verzeihen Sie aber, meine Beste, ich reite niemals gern durch Markt und Messe: bei jedem Schritt ist man gehindert und aufgehalten, und dann flammt mir das ungeheure Unglück wieder in die Einbildungskraft, das sich mir gleichsam in die Augen eingebrannt, als ich eine solche Güter- und Warenbreite in Feuer aufgehen sah. Ich hatte mich kaum –

Lassen Sie uns die schönen Stunden nicht versäumen, fiel ihm die Fürstin ein, da der würdige Mann sie schon einige Mal mit ausführlicher Beschreibung jenes Unheils geängstigt hatte, wie er sich nämlich, auf einer großen Reise begriffen, abends im besten Wirtshause auf dem Markte, der eben von einer Hauptmesse wimmelte, höchst ermüdet zu Bette gelegt und nachts durch Geschrei und Flammen, die sich gegen seine Wohnung wälzten, grässlich aufgeweckt worden.

Die Fürstin eilte, das Lieblingspferd zu besteigen, und führte, statt zum Hintertore bergauf, zum Vordertore bergunter ihren widerwillig-bereiten Begleiter; denn wer wäre nicht gern an ihrer Seite geritten, wer wäre ihr nicht gern gefolgt. Und so war auch Honorio von der sonst so ersehnten Jagd willig zurückgeblieben, um ihr ausschließlich dienstbar zu sein.

Wie vorauszusehen, durften sie auf dem Markte nur Schritt vor Schritt reiten; aber die schöne Liebenswürdige erheiterte jeden Aufenthalt durch eine geistreiche Bemerkung. Ich wiederhole, sagte sie, meine gestrige Lektion, da denn doch die Notwendigkeit unsere Geduld prüfen will. Und wirklich drängte sich die ganze Menschenmasse dergestalt an die Reitenden heran, dass sie ihren Weg nur langsam fortsetzen konnten. Das Volk schaute mit Freuden die junge Dame, und auf so viel lächelnden Gesichtern zeigte sich das entschiedene Behagen, zu sehen, dass die erste Frau im Lande auch die schönste und anmutigste sei.

Untereinander gemischt standen Bergbewohner, die zwischen Felsen, Fichten und Föhren ihre stillen Wohnsitze hegten, Flachländer von Hügeln, Auen und Wiesen her, Gewerbsleute der kleinen Städte und was sich alles versammelt hatte. Nach einem ruhigen Überblick bemerkte die Fürstin ihrem Begleiter, wie alle diese, woher sie auch seien, mehr Stoff als nötig zu ihren Kleidern genommen, mehr Tuch und Leinwand, mehr Band zum Besatz. Ist es doch, als ob die Weiber nicht brauschig und die Männer nicht pausig genug sich gefallen könnten.

Wir wollen ihnen das ja lassen, versetzte der Oheim; wo auch der Mensch seinen Überfluss hinwendet, ihm ist wohl dabei, am wohlsten, wenn er sich damit schmückt und aufputzt. Die schöne Dame winkte Beifall.

So waren sie nach und nach auf einen freien Platz gelangt, der zur Vorstadt hinführte, wo am Ende vieler kleiner Buden und Kramstände ein größeres Brettergebäude in die Augen fiel, das sie kaum erblickten, als ein ohrzerreißendes Gebrülle ihnen entgegentönte. Die Fütterungsstunde der dort zur Schau stehenden wilden Tiere schien herangekommen; der Löwe ließ seine Wald- und Wüstenstimme aufs kräftigste hören, die Pferde schauderten, und man konnte der Bemerkung nicht entgehen, wie in dem friedlichen Wesen und Wirken der gebildeten Welt der König der Einöde sich so furchtbar verkündige. Zur Bude näher gelangt, durften sie die bunten kolossalen Gemälde nicht übersehen, die mit heftigen Farben und kräftigen Bildern jene fremden Tiere darstellten, welche der friedliche Staatsbürger zu schauen unüberwindliche Lust empfinden sollte. Der grimmig ungeheure Tiger sprang auf einen Mohren los, im Begriff ihn zu zerreißen; ein Löwe stand ernsthaft majestätisch, als wenn er keine Beute seiner würdig vor sich sähe; andere wunderliche bunte Geschöpfe verdienten neben diesen mächtigen weniger Aufmerksamkeit.

Wir wollen, sagte die Fürstin, bei unserer Rückkehr doch absteigen und die seltenen Gäste näher betrachten. – Es ist wunderbar, versetzte der Fürst, dass der Mensch durch Schreckliches immer aufgeregt sein will. Drinnen liegt der Tiger ganz ruhig in seinem Kerker, und hier muss er grimmig auf einen Mohren losfahren, damit man glaube, dergleichen inwendig ebenfalls zu sehen; es ist an Mord und Totschlag noch nicht genug, an Brand und Untergang; die Bänkelsänger müssen es an jeder Ecke wiederholen. Die guten Menschen wollen eingeschüchtert sein, um hinterdrein erst recht zu fühlen, wie schön und löblich es sei, frei Atem zu holen.

Was denn aber auch Bängliches von solchen Schreckensbildern mochte übrig geblieben sein, alles und jedes war sogleich ausgelöscht, als man, zum Tore hinausgelangt, in die heiterste Gegend eintrat. Der Weg führte zuerst am Flusse hinan, an einem zwar noch schmalen, nur leichte Kähne tragenden Wasser, das aber nach und nach als größter Strom seinen Namen behalten und ferne Länder beleben sollte. Dann ging es weiter durch wohlversorgte Frucht- und Lustgärten sachte hinaufwärts, und man sah sich nach und nach in der aufgetanen wohlbewohnten Gegend um, bis erst ein Busch, sodann ein Wäldchen die Gesellschaft aufnahm und die anmutigsten Örtlichkeiten ihren Blick begrenzten und erquickten. Ein aufwärts leitendes Wiesental, erst vor kurzem zum zweiten Male gemäht, sammetähnlich anzusehen, von einer oberwärts, lebhaft auf einmal reich entspringenden Quelle gewässert, empfing sie freundlich, und so zogen sie einem höheren freieren Standpunkt entgegen, den sie, aus dem Walde sich bewegend, nach einem lebhaften Stieg erreichten, alsdann aber vor sich noch in bedeutender Entfernung über neuen Baumgruppen das alte Schloss, den Zielpunkt ihrer Wallfahrt, als Fels- und Waldgipfel hervorragen sahen. Rückwärts aber – denn niemals gelangte man hierher, ohne sich umzukehren – erblickten sie durch zufällige Lücken der hohen Bäume das fürstliche Schloss links, von der Morgensonne beleuchtet; den wohlgebauten höhern Teil der Stadt von leichten Rauchwolken gedämpft, und so fort nach der Rechten zu die untere Stadt, den Fluss in einigen Krümmungen, mit seinen Wiesen und Mühlen; gegenüber eine weite nahrhafte Gegend.

Nachdem sie sich an dem Anblick ersättigt oder vielmehr, wie es uns bei dem Umblick auf so hoher Stelle zu geschehen pflegt, erst recht verlangend geworden nach einer weitern, weniger begrenzten Aussicht, ritten sie eine steinige breite Fläche hinan, wo ihnen die mächtige Ruine als ein grüngekrönter Gipfel entgegenstand, wenig alte Bäume tief unten um seinen Fuß; sie ritten hindurch, und so fanden sie sich gerade vor der steilsten unzugänglichsten Seite. Mächtige Felsen standen von Urzeiten her, jedem Wechsel unangetastet, fest, wohlgegründet voran, und so türmte sich's aufwärts; das dazwischen Herabgestürzte lag in mächtigen Platten und Trümmern unregelmäßig übereinander und schien dem Kühnsten jeden Angriff zu verbieten. Aber das Steile, Jähe scheint der Jugend zuzusagen; dies zu unternehmen, zu erstürmen, zu erobern ist jungen Gliedern ein Genuss. Die Fürstin bezeigte Neigung zu einem Versuch, Honorio war bei der Hand, der fürstliche Oheim, wenn schon bequemer, ließ sich's gefallen und wollte sich doch auch nicht unkräftig zeigen; die Pferde sollten am Fuß unter den Bäumen halten, und man wollte bis zu einem gewissen Punkte gelangen, wo ein vorstehender mächtiger Fels einen Flächenraum darbot, von wo man eine Aussicht hatte, die zwar schon in den Blick des Vogels überging, aber sich doch noch malerisch genug hintereinander schob.

Die Sonne, beinahe auf ihrer höchsten Stelle, verlieh die klarste Beleuchtung; das fürstliche Schloss mit seinen Teilen, Hauptgebäuden, Flügeln, Kuppeln und Türmen erschien gar stattlich; die obere Stadt in ihrer völligen Ausdehnung; auch in die untere konnte man bequem hineinsehen, ja durch das Fernrohr auf dem Markte sogar die Buden unterscheiden. Honorio war immer gewohnt, ein so förderliches Werkzeug überzuschnallen; man schaute den Fluss hinauf und hinab, diesseits das bergartig terrassenweis unterbrochene, jenseits das aufgleitende flache und in mäßigen Hügeln abwechselnde fruchtbare Land; Ortschaften unzählige; denn es war längst herkömmlich, über die Zahl zu streiten, wie viel man deren von hier oben gewahr werde.

Über die große Weite lag eine heitere Stille, wie es am Mittag zu sein pflegt, wo die Alten sagten, Pan schlafe, und alle Natur halte den Atem an, um ihn nicht aufzuwecken.

Es ist nicht das erste Mal, sagte die Fürstin, dass ich auf so hoher weitumschauender Stelle die Betrachtung mache, wie doch die klare Natur so reinlich und friedlich aussieht und den Eindruck verleiht, als wenn gar nichts Widerwärtiges in der Welt sein könne; und wenn man denn wieder in die Menschenwohnung zurückkehrt, sie sei hoch oder niedrig, weit oder eng, so gibt's immer etwas zu kämpfen, zu streiten, zu schlichten und zurechtzulegen.

Honorio, der indessen durch das Sehrohr nach der Stadt geschaut hatte, rief: Seht hin! seht hin! auf dem Markte fängt es an zu brennen. Sie sahen hin und bemerkten wenigen Rauch, die Flamme dämpfte der Tag. Das Feuer greift weiter um sich! rief man, immer durch die Gläser schauend; auch wurde das Unheil den guten unbewaffneten Augen der Fürstin bemerklich; von Zeit zu Zeit erkannte man eine rote Flammenglut, der Dampf stieg empor und Fürst-Oheim sprach: Lasst uns zurückkehren, das ist nicht gut, ich fürchtete immer, das Unglück zum zweiten Male zu erleben. Als sie, herabgekommen, den Pferden wieder zugingen, sagte die Fürstin zu dem alten Herrn: Reiten Sie hinein, eilig, aber nicht ohne den Reitknecht, lassen Sie mir Honorio, wir folgen sogleich. Der Oheim fühlte das Vernünftige, ja das Notwendige dieser Worte und ritt, so eilig als der Boden erlaubte, den wüsten steinigen Hang hinunter.

Als die Fürstin aufsaß, sagte Honorio: Reiten Euer Durchlaucht, ich bitte, langsam! In der Stadt wie auf dem Schloss sind die Feueranstalten in bester Ordnung, man wird sich durch einen so unerwartet außerordentlichen Fall nicht irre machen lassen. Hier aber ist ein böser Boden, kleine Steine und kurzes Gras, schnelles Reiten ist unsicher, ohnehin, bis wir hineinkommen, wird das Feuer schon nieder sein. Die Fürstin glaubte nicht daran, sie sah den Rauch sich verbreiten, sie glaubte einen aufflammenden Blitz gesehen, einen Schlag gehört zu haben und nun bewegten sich in ihrer Einbildungskraft alle die Schreckbilder, welche des trefflichen Oheims wiederholte Erzählung von dem erlebten Jahrmarktsbrande leider nur zu tief eingesenkt hatte.

Fürchterlich wohl war jener Fall, überraschend und eindringlich genug, um zeitlebens eine Ahnung und Vorstellung wiederkehrenden Unglücks ängstlich zurückzulassen, als zur Nachtzeit auf dem großen budenreichen Marktraum ein plötzlicher Brand Laden auf Laden ergriffen hatte, ehe noch die in und an diesen leichten Hütten Schlafenden aus tiefen Träumen geschüttelt wurden; der Fürst selbst als ein ermüdet angelangter, erst eingeschlafener Fremder ans Fenster sprang, alles fürchterlich erleuchtet sah, Flamme nach Flamme, rechts und links sich überspringend, ihm entgegenzüngelte. Die Häuser des Marktes, vom Widerschein gerötet, schienen schon zu glühen, drohend sich jeden Augenblick zu entzünden und in Flammen aufzuschlagen; unten wütete das Element unaufhaltsam, die Bretter prasselten, die Latten knackten, Leinwand flog auf, und ihre düstern, an den Enden flammend ausgezackten Fetzen trieben in der Höhe sich umher, als wenn die bösen Geister in ihrem Elemente, um und um gestaltet, sich mutwillig tanzend verzehren und da und dort aus den Gluten wieder auftauchen wollten. Dann aber mit kreischendem Geheul rettete jeder, was zur Hand lag; Diener und Knechte mit den Herren bemühten sich, von Flammen ergriffene Ballen fortzuschleppen, von dem brennenden Gestell noch einiges wegzureißen, um es in die Kiste zu packen, die sie denn doch zuletzt den eilenden Flammen zum Raube lassen mussten. Wie mancher wünschte nur einen Augenblick Stillstand dem heranprasselnden Feuer, nach der Möglichkeit einer Besinnung sich umsehend, und er war mit aller seiner Habe schon ergriffen; an der einen Seite brannte, glühte schon, was an der andern noch in finsterer Nacht stand. Hartnäckige Charaktere, willenstarke Menschen widersetzten sich grimmig dem grimmigen Feinde und retteten manches, mit Verlust ihrer Augenbraunen und Haare. Leider nun erneuerte sich vor dem schönen Geiste der Fürstin der wüste Wirrwarr, nun schien der heitere morgendliche Gesichtskreis umnebelt, ihre Augen verdüstert, Wald und Wiese hatten einen wunderbaren bänglichen Anschein.

In das friedliche Tal einreitend, seiner labenden Kühle nicht achtend, waren sie kaum einige Schritte von der lebhaften Quelle des nahen fließenden Baches herab, als die Fürstin ganz unten im Gebüsche des Wiesentals etwas Seltsames erblickte, das sie alsobald für den Tiger erkannte; heranspringend, wie sie ihn vor kurzem gemalt gesehen, kam er entgegen; und dieses Bild zu den furchtbaren Bildern, die sie soeben beschäftigten, machte den wundersamsten Eindruck. Flieht! gnädige Frau, rief Honorio, flieht! Sie wandte das Pferd um, dem steilen Berg zu, wo sie herabgekommen waren. Der Jüngling aber, dem Untier entgegen, zog die Pistole und schoss, als er sich nahe genug glaubte; leider jedoch war gefehlt, der Tiger sprang seitwärts, das Pferd stutzte, das ergrimmte Tier aber verfolgte seinen Weg aufwärts, unmittelbar der Fürstin nach. Sie sprengte, was das Pferd vermochte, die steile steinige Strecke hinan, kaum fürchtend, dass ein zartes Geschöpf, solcher Anstrengung ungewohnt, sie nicht aushalten werde. Es übernahm sich, von der bedrängten Reiterin angeregt, stieß am kleinen Gerölle des Hanges an und wieder an und stürzte zuletzt nach heftigem Bestreben kraftlos zu Boden. Die schöne Dame, entschlossen und gewandt, verfehlte nicht, sich strack auf ihre Füße zu stellen, auch das Pferd richtete sich auf; aber der Tiger nahte schon, obgleich nicht mit heftiger Schnelle; der ungleiche Boden, die scharfen Steine schienen seinen Antrieb zu hindern, und nur dass Honorio unmittelbar hinter ihm herflog, neben ihm gemäßigt heraufritt, schien seine Kraft aufs Neue anzuspornen und zu reizen. Beide Renner erreichten zugleich den Ort, wo die Fürstin am Pferde stand; der Ritter beugte sich herab, schoss und traf mit der zweiten Pistole das Ungeheuer durch den Kopf, dass es sogleich niederstürzte, und ausgestreckt in seiner Länge erst recht die Macht und Furchtbarkeit sehen ließ, von der nur noch das Körperliche übrig geblieben dalag. Honorio war vom Pferde gesprungen und kniete schon auf dem Tiere, dämpfte seine letzten Bewegungen und hielt den gezogenen Hirschfänger in der rechten Hand. Der Jüngling war schön, er war herangesprengt, wie ihn die Fürstin oft im Lanzen- und Ringelspiel gesehen hatte. Ebenso traf in der Reitbahn seine Kugel im Vorbeisprengen den Türkenkopf auf dem Pfahl, gerade unter dem Turban in die Stirne; ebenso spießte er, flüchtig heransprengend, mit dem blanken Säbel das Mohrenhaupt vom Boden auf. In allen solchen Künsten war er gewandt und glücklich, hier kam beides zustatten.

Gebt ihm den Rest, sagte die Fürstin, ich fürchte, er beschädigt Euch noch mit den Krallen. – Verzeiht! erwiderte der Jüngling, er ist schon tot genug, und ich mag das Fell nicht verderben, das nächsten Winter auf Eurem Schlitten glänzen soll. – Frevelt nicht! sagte die Fürstin; alles, was von Frömmigkeit im tiefen Herzen wohnt, entfaltet sich in solchem Augenblick. – Auch ich, rief Honorio, war nie frömmer als jetzt eben, deshalb aber denk ich ans Freudigste, ich blicke dieses Fell nur an, wie es Euch zur Lust begleiten kann. – Es würde mich immer an diesen schrecklichen Augenblick erinnern, versetzte sie. – Ist es doch, erwiderte der Jüngling mit glühender Wange, ein unschuldigeres Triumphzeichen, als wenn die Waffen erschlagener Feinde vor dem Sieger her zur Schau getragen wurden. – Ich werde mich an Eure Kühnheit und Gewandtheit dabei erinnern und darf nicht hinzusetzen, dass Ihr auf meinen Dank und auf die Gnade des Fürsten lebenslänglich rechnen könnt. Aber steht auf; schon ist kein Leben mehr im Tiere, bedenken wir das Weitere, vor allen Dingen steht auf! – Da ich nun einmal knie, versetzte der Jüngling, da ich mich in einer Stellung befinde, die mir auf jede andere Weise untersagt wäre, so lasst mich bitten von der Gunst, von der Gnade, die Ihr mir zuwendet, in diesem Augenblick versichert zu werden. Ich habe schon so oft Euren hohen Gemahl gebeten um Urlaub und Vergünstigung einer weitern Reise. Wer das Glück hat, an Eurer Tafel zu sitzen, wen Ihr beehrt, Eure Gesellschaft unterhalten zu dürfen, der muss die Welt gesehen haben. Reisende strömen von allen Orten her, und wenn von einer Stadt, von einem wichtigen Punkte irgendeines Weltteils gesprochen wird, ergeht an den Eurigen jedes Mal die Frage, ob er daselbst gewesen sei? Niemanden traut man Verstand zu, als wer das alles gesehen hat; es ist, als wenn man sich nur für andere zu unterrichten hätte.

Steht auf! wiederholte die Fürstin, ich möchte nicht gern gegen die Überzeugung meines Gemahls irgendetwas wünschen und bitten; allein wenn ich nicht irre, so ist die Ursache, warum er Euch bisher zurückhielt, bald gehoben. Seine Absicht war, Euch zum selbständigen Edelmann herangereift zu sehen, der sich und ihm auch auswärts Ehre machte wie bisher am Hofe, und ich dächte, Eure Tat wäre ein so empfehlender Reisepass, als ein junger Mann nur in die Welt mitnehmen kann.

Dass anstatt einer jugendlichen Freude eine gewisse Trauer über sein Gesicht zog, hatte die Fürstin nicht Zeit zu bemerken, noch er seiner Empfindung Raum zu geben, denn hastig den Berg herauf, einen Knaben an der Hand, kam eine Frau, geradezu auf die Gruppe los, die wir kennen; und kaum war Honorio, sich besinnend, aufgestanden, als sie sich heulend und schreiend über den Leichnam her warf und an dieser Handlung sowie an einer, obgleich reinlich anständigen, doch bunten und seltsamen Kleidung sogleich erraten ließ, sie sei die Meisterin und Wärterin dieses dahingestreckten Geschöpfes, wie denn der schwarzaugige, schwarzlockige Knabe, der eine Flöte in der Hand hielt, gleich der Mutter weinend, weniger heftig, aber tief gerührt, neben ihr kniete.

Den gewaltsamen Ausbrüchen der Leidenschaft dieses unglücklichen Weibes folgte, zwar unterbrochen stoßweise, ein Strom von Worten, wie ein Bach sich in Absätzen von Felsen zu Felsen stürzt. Eine natürliche Sprache, kurz und abgebrochen, machte sich eindringlich und rührend; vergebens würde man sie in unsern Mundarten übersetzen wollen, den ungefähren Inhalt dürfen wir nicht verhehlen. Sie haben dich ermordet, armes Tier! Ermordet ohne Not! Du warst zahm und hättest dich gern ruhig niedergelassen und auf uns gewartet; denn deine Fußballen schmerzten dich, und deine Krallen hatten keine Kraft mehr! Die heiße Sonne fehlte dir, sie zu reifen. Du warst der Schönste deinesgleichen; wer hat je einen königlichen Tiger so herrlich ausgestreckt im Schlafe gesehen, wie du nun hier liegst, tot, um nicht wieder aufzustehen. Wenn du des Morgens aufwachtest beim frühen Tagschein und den Rachen aufsperrtest, ausstreckend die rote Zunge, so schienst du uns zu lächeln, und wenn schon brüllend, nahmst du doch spielend dein Futter aus den Händen einer Frau, von den Fingern eines Kindes! Wie lange begleiteten wir dich auf deinen Fahrten, wie lange war deine Gesellschaft uns wichtig und fruchtbar! Uns! Uns ganz eigentlich kam die Speise von den Fressern und süße Labung von den Starken. So wird es nicht mehr sein! Wehe, wehe!

Sie hatte nicht ausgeklagt, als über die mittlere Höhe des Bergs am Schlosse herab Reiter heransprengten, die alsobald für das Jagdgefolge des Fürsten erkannt wurden, er selbst voran. Sie hatten, in den hintern Gebirgen jagend, die Brandwolken aufsteigen sehen und durch Täler und Schluchten, wie auf gewaltsam hetzender Jagd, den geraden Weg nach diesem traurigen Zeichen genommen. Über die steinige Blöße einhersprengend stutzten und starrten sie, nun die unerwartete Gruppe gewahr werdend, die sich auf der leeren Fläche merkwürdig auszeichnete. Nach dem ersten Erkennen verstummte man, und nach einigem Erholen ward, was der Anblick nicht selbst ergab, mit wenigen Worten erläutert. So stand der Fürst vor dem seltsamen unerhörten Ereignis, einen Kreis umher von Reitern und Nacheilenden zu Fuße. Unschlüssig war man nicht, was zu tun sei; anzuordnen, auszuführen war der Fürst beschäftigt, als ein Mann sich in den Kreis drängte, groß von Gestalt, bunt und wunderlich gekleidet wie Frau und Kind. Und nun gab die Familie zusammen Schmerz und Überraschung zu erkennen. Der Mann aber, gefasst, stand in ehrfurchtsvoller Entfernung vor dem Fürsten und sagte: Es ist nicht Klagenszeit; ach, mein Herr und mächtiger Jäger, auch der Löwe ist los, auch hier nach dem Gebirg ist er hin, aber schont ihn, habt Barmherzigkeit, dass er nicht umkomme wie dies gute Tier.

Der Löwe? sagte der Fürst, hast du seine Spur? – Ja Herr! Ein Bauer dort unten, der sich ohne Not auf einen Baum gerettet hatte, wies mich weiter hier links hinauf, aber ich sah den großen Trupp Menschen und Pferde vor mir, neugierig und hülfsbedürftig eilt' ich hierher. – Also, beorderte der Fürst, muss die Jagd sich auf diese Seite ziehen; ihr ladet eure Gewehre, geht sachte zu Werk, es ist kein Unglück, wenn ihr ihn in die tiefen Wälder treibt; aber am Ende, guter Mann, werden wir Euer Geschöpf nicht schonen können; warum wart Ihr unvorsichtig genug, sie entkommen zu lassen? – Das Feuer brach aus, versetzte jener, wir hielten uns still und gespannt, es verbreitete sich schnell, aber fern von uns, wir hatten Wasser genug zu unserer Verteidigung, aber ein Pulverschlag flog auf und warf die Brände bis an uns heran, über uns weg; wir übereilten uns und sind nun unglückliche Leute.

Noch war der Fürst mit Anordnungen beschäftigt, aber einen Augenblick schien alles zu stocken, als oben vom alten Schloss herab eilig ein Mann heranspringend gesehen ward, den man bald für den angestellten Wächter erkannte, der die Werkstätte des Malers bewachte, indem er darin seine Wohnung nahm und die Arbeiter beaufsichtigte. Er kam außer Atem springend, doch hatte er bald mit wenigen Worten angezeigt: oben hinter der höhern Ringmauer habe sich der Löwe im Sonnenschein gelagert, am Fuße einer hundertjährigen Buche, und verhalte sich ganz ruhig. Ärgerlich aber schloss der Mann: Warum habe ich gestern meine Büchse in die Stadt getragen, um sie auszuputzen zu lassen! Hätte ich sie bei der Hand gehabt, er wäre nicht wieder aufgestanden, das Fell wäre doch mein gewesen, und ich hätte mich dessen, wie billig, zeitlebens gebrüstet.

Der Fürst, dem seine militärischen Erfahrungen auch hier zustattenkamen, da er sich wohl schon in Fällen gefunden hatte, wo von mehreren Seiten unvermeidliches

Übel herandrohte, sagte hierauf: Welche Bürgschaft gebt Ihr mir, dass, wenn wir Eures Löwen schonen, er nicht im Lande unter den Meinigen Verderben anrichtet?

Hier diese Frau und dieses Kind, erwiderte der Vater hastig, erbieten sich, ihn zu zähmen, ihn ruhig zu erhalten, bis ich den beschlagenen Kasten heraufschaffe, da wir ihn denn unschädlich und unbeschädigt wieder zurückbringen werden.

Der Knabe schien seine Flöte versuchen zu wollen, ein Instrument von der Art, das man sonst die sanfte süße Flöte zu nennen pflegte; sie war kurz geschnäbelt wie die Pfeifen; wer es verstand, wusste die anmutigsten Töne daraus hervorzulocken. Indes hatte der Fürst den Wärtel gefragt, wie der Löwe hinaufgekommen. Dieser aber versetzte: Durch den Hohlweg, der, auf beiden Seiten vermauert, von jeher der einzige Zugang war und der einzige bleiben soll; zwei Fußpfade, die noch hinaufführten, haben wir dergestalt entstellt, dass niemand als durch jenen ersten engen Anweg zu dem Zauberschlosse gelangen könne, wozu es Fürst Friedrichs Geist und Geschmack ausbilden will.

Nach einigem Nachdenken, wobei sich der Fürst nach dem Kinde umsah, das immer sanft gleichsam zu präludieren fortgefahren hatte, wendete er sich zu Honorio und sagte: Du hast heute viel geleistet, vollende das Tagwerk. Besetze den schmalen Weg, haltet eure Büchsen bereit, aber schießt nicht eher, als bis ihr das Geschöpf nicht sonst zurückscheuchen könnt; allenfalls macht ein Feuer an, vor dem er sich fürchtet, wenn er herunterwill. Mann und Frau möge für das Übrige stehen. Eilig schickte Honorio sich an, die Befehle zu vollführen.

Das Kind verfolgte seine Melodie, die keine war, eine

Tonfolge ohne Gesetz, und vielleicht eben deswegen so herzergreifend; die Umstehenden schienen wie bezaubert von der Bewegung einer liederartigen Weise, als der Vater mit anständigem Enthusiasmus zu reden anfing und fortfuhr:

Gott hat dem Fürsten Weisheit gegeben und zugleich die Erkenntnis, dass alle Gotteswerke weise sind, jedes nach seiner Art. Seht den Felsen, wie er fest steht und sich nicht rührt, der Witterung trotzt und dem Sonnenschein; uralte Bäume zieren sein Haupt, und so gekrönt schaut er weit umher; stürzt aber ein Teil herunter, so will es nicht bleiben, was es war, es fällt zertrümmert in viele Stücke und bedeckt die Seite des Hanges. Aber auch da wollen sie nicht verharren, mutwillig springen sie tief hinab, der Bach nimmt sie auf, zum Flusse trägt er sie. Nicht widerstehend, nicht widerspenstig, eckig, nein, glatt und abgerundet gewinnen sie schneller ihren Weg und gelangen von Fluss zu Fluss, endlich zum Ozean, wo die Riesen in Scharen daherziehen und in der Tiefe die Zwerge wimmeln.

Doch wer preist den Ruhm des Herrn, den die Sterne loben von Ewigkeit zu Ewigkeit! Warum seht ihr aber im Fernen umher? Betrachtet hier die Biene! Noch spät im Herbst sammelt sie emsig und baut sich ein Haus, winkel- und waagerecht, als Meister und Geselle; schaut die Ameise da! Sie kennt ihren Weg und verliert ihn nicht, sie baut sich eine Wohnung aus Grashalmen, Erdbröslein und Kiefernadeln, sie baut es in die Höhe und wölbet es zu; aber sie hat umsonst gearbeitet, denn das Pferd stampft und scharrt alles auseinander; seht hin! Es zertritt ihre Balken und zerstreut ihre Planken, ungeduldig schnaubt es und kann nicht rasten; denn der Herr hat das Ross zum Gesellen des Windes gemacht und zum Gefährten des Sturms, dass es den Mann dahin trage, wohin er will, und die Frau, wohin sie begehrt. Aber im Palmenwald trat er auf, der Löwe, ernsten Schrittes durchzog er die Wüste, dort herrscht er über alles Getier und nichts widersteht ihm. Doch der Mensch weiß ihn zu zähmen, und das grausamste der Geschöpfe hat Ehrfurcht vor dem Ebenbilde Gottes, wornach auch die Engel gemacht sind, die dem Herrn dienen und seinen Dienern. Denn in der Löwengrube scheute sich Daniel nicht; er blieb fest und getrost, und das wilde Brüllen unterbrach nicht seinen frommen Gesang.

Diese mit dem Ausdruck eines natürlichen Enthusiasmus gehaltene Rede begleitete das Kind hie und da mit anmutigen Tönen; als aber der Vater geendigt hatte, fing es mit reiner Kehle, heller Stimme und geschickten Läufen zu intonieren an, worauf der Vater die Flöte ergriff, im Einklang sich hören ließ, das Kind aber sang:

Aus den Gruben, hier im Graben
Hör ich des Propheten Sang;
Engel schweben, ihn zu laben,
Wäre da dem Guten bang?
Löw' und Löwin, hin und wieder,
Schmiegen sich um ihn heran;
Ja, die sanften frommen Lieder
Haben's ihnen angetan!

Der Vater fuhr fort, die Strophe mit der Flöte zu begleiten, die Mutter trat hie und da als zweite Stimme mit ein.

Eindringlich aber ganz besonders war, dass das Kind die Zeilen der Strophe nunmehr zu anderer Ordnung durcheinander schob und dadurch, wo nicht einen neuen Sinn hervorbrachte, doch das Gefühl in und durch sich selbst aufregend erhöhte.

Engel schweben auf und nieder
Uns in Tönen zu erlaben,
Welch ein himmlischer Gesang!
In den Gruben, in dem Graben
Wäre da dem Kinde bang?
Diese sanften frommen Lieder
Lassen Unglück nicht heran:
Engel schweben hin und wider
Und so ist es schon getan.

Hierauf mit Kraft und Erhebung begannen alle drei:

Denn der Ew'ge herrscht auf Erden,
Über Meere herrscht sein Blick;
Löwen sollen Lämmer werden,
Und die Welle schwankt zurück;
Blankes Schwert erstarrt im Hiebe;
Glaub' und Hoffnung sind erfüllt;
Wundertätig ist die Liebe,
Die sich im Gebet enthüllt.

Alles war still, hörte, horchte und nur erst als die Töne verhallten, konnte man den Eindruck bemerken und allenfalls beobachten. Alles war wie beschwichtigt; jeder in seiner Art gerührt. Der Fürst, als wenn er erst jetzt das Unheil übersähe, das ihn vor kurzem bedroht hatte, blickte nieder auf seine Gemahlin, die, an ihn gelehnt, sich nicht versagte, das gestickte Tüchlein hervorzuziehen und die Augen damit zu bedecken. Es tat ihr wohl, die jugendliche Brust von dem Druck erleichtert zu fühlen, mit dem die vorhergehenden Minuten sie belastet hatten. Eine vollkommene Stille beherrschte die Menge, man schien die Gefahren vergessen zu haben, unten den Brand und von oben das Erstehen eines bedenklich ruhenden Löwen.

Durch einen Wink, die Pferde näher herbeizuführen, brachte der Fürst zuerst wieder in die Gruppe Bewegung, dann wendete er sich zu dem Weibe und sagte: Ihr glaubt also, dass Ihr den entsprungenen Löwen, wo Ihr ihn antrefft, durch Euren Gesang, durch den Gesang dieses Kindes, mit Hülfe dieser Flötentöne beschwichtigen und ihn sodann unschädlich sowie unbeschädigt in seinem Verschluss wieder zurückbringen könntet? Sie bejahten es, versichernd und beteuernd; der Kastellan wurde ihnen als Wegweiser zugegeben. Nun entfernte der Fürst mit wenigen sich eiligst, die Fürstin folgte langsamer mit dem übrigen Gefolge; Mutter aber und Sohn stiegen, von dem Wärtel, der sich eines Gewehrs bemächtigt hatte, begleitet, steiler gegen den Berg hinan.

Vor dem Eintritt in den Hohlweg, der den Zugang zu dem Schloss eröffnete, fanden sie die Jäger beschäftigt, dürres Reisig zu häufen, damit sie auf jeden Fall ein großes Feuer anzünden könnten. – Es ist nicht not, sagte die Frau, es wird ohne das alles in Güte geschehen.

Weiter hin, auf einem Mauerstücke sitzend, erblickten sie Honorio, seine Doppelbüchse in den Schoß gelegt, auf einem Posten als wie zu jedem Ereignis gefasst. Aber die Herankommenden schien er kaum zu bemerken, er saß wie in tiefen Gedanken versunken, er sah umher wie zerstreut.

Die Frau sprach ihn an mit Bitte, das Feuer nicht anzünden zu lassen, er schien jedoch ihrer Rede wenig Aufmerksamkeit zu schenken; sie redete lebhaft fort und rief: Schöner junger Mann, du hast meinen Tiger erschlagen, ich fluche dir nicht, schone meinen Löwen, guter junger Mann, ich segne dich.

Honorio schaute gerad vor sich hin, dorthin, wo die Sonne auf ihrer Bahn sich zu senken begann. – Du schaust nach Abend, rief die Frau, du tust wohl daran, dort gibt's viel zu tun; eile nur, säume nicht, du wirst überwinden. Aber zuerst überwinde dich selbst. Hierauf schien er zu lächeln, die Frau stieg weiter, konnte sich aber nicht enthalten, nach dem Zurückbleibenden nochmals umzublicken; eine rötliche Sonne überschien sein Gesicht, sie glaubte nie einen schönern Jüngling gesehen zu haben.

Wenn Euer Kind, sagte nunmehr der Wärtel, flötend und singend, wie Ihr überzeugt seid, den Löwen anlocken und beruhigen kann, so werden wir uns desselben sehr leicht bemeistern, da sich das gewaltige Tier ganz nah an die durchbrochenen Gewölbe hingelagert hat, durch die wir, da das Haupttor verschüttet ist, einen Eingang in den Schlosshof gewonnen haben. Lockt ihn das Kind hinein, so kann ich die Öffnung mit leichter Mühe schließen und der Knabe, wenn es ihm gut deucht, durch eine der kleinen Wendeltreppen, die er in der Ecke sieht, dem Tiere entschlüpfen. Wir wollen uns verbergen, aber ich werde mich so stellen, dass meine Kugel jeden Augenblick dem Kinde zu Hülfe kommen kann.

Die Umstände sind alle nicht nötig, Gott und Kunst, Frömmigkeit und Glück müssen das Beste tun. – Es sei, versetzte der Wärtel, aber ich kenne meine Pflichten. Erst führ ich euch durch einen beschwerlichen Stieg auf das Gemäuer hinauf, gerade dem Eingang gegenüber, den ich erwähnt habe; das Kind mag hinabsteigen, gleichsam in die Arena des Schauspiels, und das besänftigte Tier dort hereinlocken. Das geschah; Wärtel und Mutter sahen versteckt von oben herab, wie das Kind die Wendeltreppen hinunter in dem klaren Hofraum sich zeigte und in der düstern Öffnung gegenüber verschwand, aber sogleich seinen Flötenton hören ließ, der sich nach und nach verlor und endlich verstummte. Die Pause war ahnungsvoll genug, den alten, mit Gefahr bekannten Jäger beengte der seltene menschliche Fall. Er sagte sich, dass er lieber persönlich dem gefährlichen Tiere entgegenginge; die Mutter jedoch, mit heiterem Gesicht, übergebogen horchend, ließ nicht die mindeste Unruhe bemerken.

Endlich hörte man die Flöte wieder, das Kind trat aus der Höhle hervor mit glänzend befriedigten Augen, der Löwe hinter ihm drein, aber langsam und, wie es schien, mit einiger Beschwerde. Er zeigte hie und da Lust, sich niederzulegen, doch der Knabe führte ihn im Halbkreise durch die wenig entblätterten, buntbelaubten Bäume, bis er sich endlich in den letzten Strahlen der Sonne, die sie durch eine Ruinenlücke hereinsandte, wie verklärt niedersetzte und sein beschwichtigendes Lied abermals begann, dessen Wiederholung wir uns auch nicht entziehen können.

Aus den Gruben, hier im Graben
Hör ich des Propheten Sang;
Engel schweben, ihn zu laben,
Wäre da dem Guten bang?

Löw' und Löwin, hin und wieder,
Schmiegen sich um ihn heran;
Ja, die sanften frommen Lieder
Haben's ihnen angetan!

Indessen hatte sich der Löwe ganz knapp an das Kind hingelegt und ihm die schwere rechte Vordertatze auf den Schoß gehoben, die der Knabe fortsingend anmutig streichelte, aber gar bald bemerkte, dass ein scharfer Dornzweig zwischen die Ballen eingestochen war. Sorgfältig zog er die verletzende Spitze hervor, nahm lächelnd sein buntseidenes Halstuch vom Nacken und verband die greuliche Tatze des Untiers, so dass die Mutter sich vor Freuden mit ausgestreckten Armen zurückbog und vielleicht angewohnterweise Beifall gerufen und geklatscht hätte, wäre sie nicht durch einen derben Faustgriff des Wärtels erinnert worden, dass die Gefahr nicht vorüber sei.

Glorreich sang das Kind weiter, nachdem es mit wenigen Tönen vorgespielt hatte:

Denn der Ew'ge herrscht auf Erden,
Über Meere herrscht sein Blick;
Löwen sollen Lämmer werden,
Und die Welle schwankt zurück;
Blankes Schwert erstarrt im Hiebe;
Glaub' und Hoffnung sind erfüllt;
Wundertätig ist die Liebe,
Die sich im Gebet enthüllt.

Ist es möglich zu denken, dass man in den Zügen eines so grimmigen Geschöpfes, des Tyrannen der Wälder, des

Despoten des Tierreiches, einen Ausdruck von Freundlichkeit, von dankbarer Zufriedenheit habe spüren können, so geschah es hier, und wirklich sah das Kind in seiner Verklärung aus wie ein mächtiger siegreicher Überwinder, jener zwar nicht wie der Überwundene, denn seine Kraft blieb in ihm verborgen, aber doch wie der Gezähmte, wie der dem eigenen friedlichen Willen Anheimgegebene. Das Kind flötete und sang so weiter, nach seiner Art die Zeilen verschränkend und neue hinzufügend:

Und so geht mit guten Kindern
Sel'ger Engel gern zu Rat,
Böses Wollen zu verhindern,
Zu befördern schöne Tat.
So beschwören, fest zu bannen
Liebem Sohn ans zarte Knie
Ihn, des Waldes Hochtyrannen,
Frommer Sinn und Melodie.

Das Märchen

An dem großen Flusse, der eben von einem starken Regen geschwollen und übergetreten war, lag in seiner kleinen Hütte, müde von der Anstrengung des Tages, der alte Fährmann und schlief. Mitten in der Nacht weckten ihn einige laute Stimmen; er hörte, dass Reisende übergesetzt sein wollten.

Als er vor die Tür hinaustrat, sah er zwei große Irrlichter über dem angebundenen Kahne schweben, die ihm versicherten, dass sie große Eile hätten und schon an jenem Ufer zu sein wünschten. Der Alte säumte nicht, stieß ab und fuhr, mit seiner gewöhnlichen Geschicklichkeit, quer über den Strom, indes die Fremden in einer unbekannten, sehr behänden Sprache gegeneinander zischten und mitunter in ein lautes Gelächter ausbrachen, indem sie bald auf den Rändern und Bänken, bald auf dem Boden des Kahns hin und wider hüpften.

Der Kahn schwankt! rief der Alte, und wenn ihr so unruhig seid, kann er umschlagen; setzt euch, ihr Lichter!

Sie brachen über diese Zumutung in ein großes Gelächter aus, verspotteten den Alten und waren noch unruhiger als vorher. Er trug ihre Unarten mit Geduld und stieß bald am jenseitigen Ufer an.

Hier ist für Eure Mühe! riefen die Reisenden, und es fielen, indem sie sich schüttelten, viele glänzende Goldstücke in den feuchten Kahn. – Ums Himmels willen, was macht ihr! rief der Alte, ihr bringt mich ins größte Unglück! Wäre ein Goldstück ins Wasser gefallen, so würde der Strom, der dies Metall nicht leiden kann, sich in entsetzliche Wellen erhoben, das Schiff und mich verschlungen haben, und wer weiß, wie es euch gegangen sein würde; nehmt euer Geld wieder zu euch!

Wir können nichts wieder zu uns nehmen, was wir abgeschüttelt haben, versetzten jene.

So macht ihr mir noch die Mühe, sagte der Alte, indem er sich bückte und die Goldstücke in seine Mütze las, dass ich sie zusammensuchen, ans Land tragen und vergraben muss.

Die Irrlichter waren aus dem Kahne gesprungen, und der Alte rief: Wo bleibt nun mein Lohn?

Wer kein Gold nimmt, mag umsonst arbeiten! riefen die Irrlichter. – Ihr müsst wissen, dass man mich nur mit Früchten der Erde bezahlen kann. – Mit Früchten der Erde? Wir verschmähen sie und haben sie nie genossen. – Und doch kann ich euch nicht loslassen, bis ihr mir versprecht, dass ihr mir drei Kohlhäupter, drei Artischocken und drei große Zwiebeln liefert.

Die Irrlichter wollten scherzend davonschlüpfen; allein sie fühlten sich auf eine unbegreifliche Weise an den Boden gefesselt; es war die unangenehmste Empfindung, die sie jemals gehabt hatten. Sie versprachen seine Forderung nächstens zu befriedigen; er entließ sie und stieß ab. Er war schon weit hinweg, als sie ihm nachriefen: Alter! hört, Alter! wir haben das Wichtigste vergessen! Er war fort und hörte sie nicht. Er hatte sich an derselben Seite den Fluss hinabtreiben lassen, wo er in einer gebirgigen Gegend, die das Wasser niemals erreichen konnte, das gefährliche Gold verscharren wollte. Dort fand er zwischen hohen Felsen eine ungeheure Kluft, schüttete es hinein und fuhr nach seiner Hütte zurück.

In dieser Kluft befand sich die schöne grüne Schlange, die durch die herabklingende Münze aus ihrem Schlafe geweckt wurde. Sie ersah kaum die leuchtenden Scheiben, als sie solche auf der Stelle mit großer Begierde verschlang und alle Stücke, die sich in dem Gebüsch und zwischen den Felsritzen zerstreut hatten, sorgfältig aufsuchte.

Kaum waren sie verschlungen, so fühlte sie mit der angenehmsten Empfindung das Gold in ihren Eingeweiden schmelzen und sich durch ihren ganzen Körper ausbreiten, und zur größten Freude bemerkte sie, dass sie durchsichtig und leuchtend geworden war. Lange hatte man ihr schon versichert, dass diese Erscheinung möglich sei; weil sie aber zweifelhaft war, ob dieses Licht lange dauern könne, so trieb sie die Neugierde und der Wunsch, sich für die Zukunft sicherzustellen, aus dem Felsen heraus, um zu untersuchen, wer das schöne Gold hereingestreut haben könnte. Sie fand niemanden. Desto angenehmer war es ihr, sich selbst, da sie zwischen Kräutern und Gesträuchen hinkroch, und ihr anmutiges Licht, das sie durch das frische Grün verbreitete, zu bewundern. Alle Blätter schienen von Smaragd, alle Blumen auf das herrlichste verklärt. Vergebens durchstrich sie die einsame Wildnis; desto mehr aber wuchs ihre Hoffnung, als sie auf die Fläche kam und von weitem einen Glanz, der dem ihrigen ähnlich war, erblickte. Find ich doch endlich meinesgleichen! rief sie aus und eilte nach der Gegend zu. Sie achtete nicht die Beschwerlichkeit, durch Sumpf und Rohr zu kriechen; denn ob sie gleich auf trocknen Bergwiesen, in hohen Felsritzen am liebsten lebte, gewürzhafte Kräuter gerne genoss und mit zartem Tau und frischem Quellwasser ihren Durst gewöhnlich stillte, so hätte sie doch des lieben Goldes willen und in Hoffnung des herrlichen Lichtes alles unternommen, was man ihr auferlegte.

Sehr ermüdet gelangte sie endlich zu einem feuchten Ried, wo unsere beiden Irrlichter hin und wider spielten. Sie schoss auf sie los, begrüßte sie und freute sich, so angenehme Herren von ihrer Verwandtschaft zu finden. Die Lichter strichen an ihr her, hüpften über sie weg und lachten nach ihrer Weise. Frau Muhme, sagten sie, wenn Sie schon von der horizontalen Linie sind, so hat das doch nichts zu bedeuten; freilich sind wir nur von Seiten des Scheins verwandt, denn sehen Sie nur (hier machten beide Flammen, indem sie ihre ganze Breite aufopferten, sich so lang und spitz als möglich), wie schön uns Herren von der vertikalen Linie diese schlanke Länge kleidet; nehmen Sie's uns nicht übel, meine Freundin, welche Familie kann sich des rühmen? Solang es Irrlichter gibt, hat noch keins weder gesessen noch gelegen.

Die Schlange fühlte sich in der Gegenwart dieser Verwandten sehr unbehaglich, denn sie mochte den Kopf so hoch heben als sie wollte, so fühlte sie doch, dass sie ihn wieder zur Erde biegen musste, um von der Stelle zu kommen, und hatte sie sich vorher im dunkeln Hain außerordentlich wohlgefallen, so schien ihr Glanz in Gegenwart dieser Vettern sich jeden Augenblick zu vermindern, ja sie fürchtete, dass er endlich gar verlöschen werde.

In dieser Verlegenheit fragte sie eilig, ob die Herren ihr nicht etwa Nachricht geben könnten, wo das glänzende Gold herkomme, das vor kurzem in die Felskluft gefallen sei; sie vermute, es sei ein Goldregen, der unmittelbar vom Himmel träufle. Die Irrlichter lachten und schüttelten sich, und es sprangen eine große Menge Goldstücke um sie herum. Die Schlange fuhr schnell darnach, sie zu verschlingen. Lasst es Euch schmecken, Frau Muhme, sagten die artigen Herren, wir können noch mit mehr aufwarten. Sie schüttelten sich noch einige Male mit großer Behändigkeit, so dass die Schlange kaum die kostbare Speise schnell genug hinunterbringen konnte. Sichtlich fing ihr Schein an zu wachsen, und sie leuchtete wirklich aufs herrlichste, indes die Irrlichter ziemlich mager und klein geworden waren, ohne jedoch von ihrer guten Laune das mindeste zu verlieren.

Ich bin euch auf ewig verbunden, sagte die Schlange, nachdem sie von ihrer Mahlzeit wieder zu Atem gekommen war, fordert von mir, was ihr wollt; was in meinen Kräften ist, will ich euch leisten.

Recht schön! riefen die Irrlichter, sage, wo wohnt die schöne Lilie? Führ uns so schnell als möglich zum Palaste und Garten der schönen Lilie, wir sterben vor Ungeduld, uns ihr zu Füßen zu werfen.

Diesen Dienst, versetzte die Schlange mit einem tiefen Seufzer, kann ich euch sogleich nicht leisten. Die schöne Lilie wohnt leider jenseit des Wassers. – Jenseit des Wassers! Und wir lassen uns in dieser stürmischen Nacht übersetzen! Wie grausam ist der Fluss, der uns nun scheidet! Sollte es nicht möglich sein, den Alten wieder zu errufen?

Sie würden sich vergebens bemühen, versetzte die Schlange, denn wenn Sie ihn auch selbst an dem diesseitigen Ufer anträfen, so würde er Sie nicht einnehmen; er darf jedermann herüber-, niemand hinüberbringen. – Da haben wir uns schön gebettet! Gibt es denn kein ander Mittel, über das Wasser zu kommen? – Noch einige, nur nicht in diesem Augenblick. Ich selbst kann die Herren übersetzen, aber erst in der Mittagsstunde. – Das ist eine Zeit, in der wir nicht gerne reisen. – So können Sie abends auf dem Schatten des Riesen hinüberfahren. – Wie geht das zu? – Der große Riese, der nicht weit von hier wohnt, vermag mit seinem Körper nichts; seine Hände heben keinen Strohhalm, seine Schultern würden kein Reisbündel tragen; aber sein Schatten vermag viel, ja alles. Deswegen ist er beim Aufgang und Untergang der Sonne am mächtigsten, und so darf man sich abends nur auf den Nacken seines Schattens setzen, der Riese geht alsdann sachte gegen das Ufer zu und der Schatten bringt den Wanderer über das Wasser hinüber. Wollen Sie aber um Mittagszeit sich an jener Waldecke einfinden, wo das Gebüsch dicht ans Ufer stößt, so kann ich Sie übersetzen und der schönen Lilie vorstellen; scheuen Sie hingegen die Mittagshitze, so dürfen Sie nur gegen Abend in jener Felsenbucht den Riesen aufsuchen, der sich gewiss recht gefällig zeigen wird.

Mit einer leichten Verbeugung entfernten sich die jungen Herren, und die Schlange war zufrieden, von ihnen loszukommen, teils um sich in ihrem eignen Lichte zu erfreuen, teils eine Neugierde zu befriedigen, von der sie schon lange auf eine sonderbare Weise gequält ward.

In den Felsklüften, in denen sie oft hin und wider kroch, hatte sie an einem Orte eine seltsame Entdeckung gemacht. Denn ob sie gleich durch diese Abgründe ohne ein Licht zu kriechen genötiget war, so konnte sie doch durchs Gefühl die Gegenstände recht wohl unterscheiden. Nur unregelmäßige Naturprodukte war sie gewohnt überall zu finden; bald schlang sie sich zwischen den Zacken großer Kristalle hindurch, bald fühlte sie die Haken und Haare des gediegenen Silbers und brachte ein und den andern Edelstein mit sich ans Licht hervor. Doch hatte sie zu ihrer großen Verwunderung in einem ringsum verschlossenen Felsen

Gegenstände gefühlt, welche die bildende Hand des Menschen verrieten. Glatte Wände, an denen sie nicht aufsteigen konnte, scharfe regelmäßige Kanten, wohlgebildete Säulen und, was ihr am sonderbarsten vorkam, menschliche Figuren, um die sie sich mehrmals geschlungen hatte, und die sie für Erz oder äußerst polierten Marmor halten musste. Alle diese Erfahrungen wünschte sie noch zuletzt durch den Sinn des Auges zusammenzufassen und das, was sie nur mutmaßte, zu bestätigen. Sie glaubte sich nun fähig, durch ihr eignes Licht dieses wunderbare unterirdische Gewölbe zu erleuchten, und hoffte auf einmal mit diesen sonderbaren Gegenständen völlig bekannt zu werden. Sie eilte und fand auf dem gewohnten Wege bald die Ritze, durch die sie in das Heiligtum zu schleichen pflegte.

Als sie sich am Orte befand, sah sie sich mit Neugier um, und obgleich ihr Schein alle Gegenstände der Rotonde nicht erleuchten konnte, so wurden ihr doch die nächsten deutlich genug. Mit Erstaunen und Ehrfurcht sah sie in eine glänzende Nische hinauf, in welcher das Bildnis eines ehrwürdigen Königs in lauterm Golde aufgestellt war. Dem Maß nach war die Bildsäule über Menschengröße, der Gestalt nach aber das Bildnis eher eines kleinen als eines großen Mannes. Sein wohlgebildeter Körper war mit einem einfachen Mantel umgeben, und ein Eichenkranz hielt seine Haare zusammen.

Kaum hatte die Schlange dieses ehrwürdige Bildnis angeblickt, als der König zu reden anfing und fragte: Wo kommst du her? – Aus den Klüften, versetzte die Schlange, in denen das Gold wohnt. – Was ist herrlicher als Gold? fragte der König. – Das Licht, antwortete die Schlange. –

Was ist erquicklicher als Licht? fragte jener. – Das Gespräch, antwortete diese.

Sie hatte unter diesen Reden beiseite geschielt und in der nächsten Nische ein anderes herrliches Bild gesehen. In derselben saß ein silberner König, von langer und eher schmächtiger Gestalt; sein Körper war mit einem verzierten Gewande überdeckt, Krone, Gürtel und Zepter mit Edelsteinen geschmückt; er hatte die Heiterkeit des Stolzes in seinem Angesichte und schien eben reden zu wollen, als an der marmornen Wand eine Ader, die dunkelfarbig hindurchlief, auf einmal hell ward und ein angenehmes Licht durch den ganzen Tempel verbreitete. Bei diesem Lichte sah die Schlange den dritten König, der von Erz in mächtiger Gestalt dasaß, sich auf seine Keule lehnte, mit einem Lorbeerkranze geschmückt war und eher einem Felsen als einem Menschen glich. Sie wollte sich nach dem vierten umsehen, der in der größten Entfernung von ihr stand, aber die Mauer öffnete sich, indem die erleuchtete Ader wie ein Blitz zuckte und verschwand.

Ein Mann von mittlerer Größe, der heraustrat, zog die Aufmerksamkeit der Schlange auf sich. Er war als ein Bauer gekleidet und trug eine kleine Lampe in der Hand, in deren stille Flamme man gerne hineinsah und die auf eine wunderbare Weise, ohne auch nur einen Schatten zu werfen, den ganzen Dom erhellte.

Warum kommst du, da wir Licht haben? fragte der goldene König. – Ihr wisst, dass ich das Dunkle nicht erleuchten darf. – Endigt sich mein Reich? fragte der silberne König. – Spät oder nie, versetzte der Alte.

Mit einer starken Stimme fing der eherne König an zu

fragen: Wann werde ich aufstehn? – Bald, versetzte der Alte. – Mit wem soll ich mich verbinden? fragte der König. – Mit deinen ältern Brüdern, sagte der Alte. – Was wird aus dem jüngsten werden? fragte der König. – Er wird sich setzen, sagte der Alte.

Ich bin nicht müde, rief der vierte König mit einer rauen stotternden Stimme.

Die Schlange war, indessen jene redeten, in dem Tempel leise herumgeschlichen, hatte alles betrachtet und besah nunmehr den vierten König in der Nähe. Er stand an eine Säule gelehnt, und seine ansehnliche Gestalt war eher schwerfällig als schön. Allein das Metall, woraus er gegossen war, konnte man nicht leicht unterscheiden. Genau betrachtet war es eine Mischung der drei Metalle, aus denen seine Brüder gebildet waren. Aber beim Gusse schienen diese Materien nicht recht zusammengeschmolzen zu sein; goldne und silberne Adern liefen unregelmäßig durch eine eherne Masse hindurch und gaben dem Bilde ein unangenehmes Ansehn.

Indessen sagte der goldne König zum Manne: Wie viel Geheimnisse weißt du? – Drei, versetzte der Alte. – Welches ist das wichtigste? fragte der silberne König. – Das offenbare, versetzte der Alte. – Willst du es auch uns eröffnen? fragte der eherne. – Sobald ich das vierte weiß, sagte der Alte. – Was kümmert's mich! murmelte der zusammengesetzte König vor sich hin.

Ich weiß das vierte, sagte die Schlange, näherte sich dem Alten und zischte ihm etwas ins Ohr. – Es ist an der Zeit! rief der Alte mit gewaltiger Stimme. Der Tempel schallte wider, die metallenen Bildsäulen klangen, und in dem Augenblicke versank der Alte nach Westen und die Schlange nach Osten, und jedes durchstrich mit großer Schnelle die Klüfte der Felsen.

Alle Gänge, durch die der Alte hindurchwandelte, füllten sich hinter ihm sogleich mit Gold, denn seine Lampe hatte die wunderbare Eigenschaft, alle Steine in Gold, alles Holz in Silber, tote Tiere in Edelsteine zu verwandeln und alle Metalle zu zernichten; diese Wirkung zu äußern, musste sie aber ganz allein leuchten. Wenn ein ander Licht neben ihr war, wirkte sie nur einen schönen hellen Schein, und alles Lebendige ward immer durch sie erquickt.

Der Alte trat in seine Hütte, die an dem Berge angebauet war, und fand sein Weib in der größten Betrübnis. Sie saß am Feuer und weinte und konnte sich nicht zufriedengeben. Wie unglücklich bin ich, rief sie aus, wollt' ich dich heute doch nicht fortlassen! – Was gibt es denn? fragte der Alte ganz ruhig.

Kaum bist du weg, sagte sie mit Schluchzen, so kommen zwei ungestüme Wanderer vor die Türe; unvorsichtig lasse ich sie herein, es schienen ein paar artige rechtliche Leute; sie waren in leichte Flammen gekleidet, man hätte sie für Irrlichter halten können: kaum sind sie im Hause, so fangen sie an, auf eine unverschämte Weise, mir mit Worten zu schmeicheln, und werden so zudringlich, dass ich mich schäme, daran zu denken.

Nun, versetzte der Mann lächelnd, die Herren haben wohl gescherzt; denn deinem Alter nach sollten sie es wohl bei der allgemeinen Höflichkeit gelassen haben.

Was Alter! Alter! rief die Frau; soll ich immer von meinem Alter hören? Wie alt bin ich denn? Gemeine Höflichkeit! Ich weiß doch was ich weiß. Und sieh dich nur um, wie die Wände aussehen; sieh nur die alten Steine, die ich seit hundert Jahren nicht mehr gesehen habe; alles Gold haben sie heruntergeleckt, du glaubst nicht mit welcher Behändigkeit, und sie versicherten immer, es schmecke viel besser als gemeines Gold. Als sie die Wände reingefegt hatten, schienen sie sehr gutes Mutes, und gewiss, sie waren auch in kurzer Zeit sehr viel größer, breiter und glänzender geworden. Nun fingen sie ihren Mutwillen von neuem an, streichelten mich wieder, hießen mich ihre Königin, schüttelten sich und eine Menge Goldstücke sprangen herum; du siehst noch, wie sie dort unter der Bank leuchten; aber welch ein Unglück! Unser Mops fraß einige davon und sieh, da liegt er am Kamine tot; das arme Tier! Ich kann mich nicht zufriedengeben. Ich sah es erst, da sie fort waren, denn sonst hätte ich nicht versprochen, ihre Schuld beim Fährmann abzutragen. – Was sind sie schuldig? fragte der Alte. – Drei Kohlhäupter, sagte die Frau, drei Artischocken und drei Zwiebeln; wenn es Tag wird, habe ich versprochen, sie an den Fluss zu tragen.

Du kannst ihnen den Gefallen tun, sagte der Alte; denn sie werden uns gelegentlich auch wieder dienen.

Ob sie uns dienen werden, weiß ich nicht, aber versprochen und beteuert haben sie es.

Indessen war das Feuer im Kamine zusammengebrannt, der Alte überzog die Kohlen mit vieler Asche, schaffte die leuchtenden Goldstücke beiseite, und nun leuchtete sein Lämpchen wieder allein, in dem schönsten Glanze, die Mauern überzogen sich mit Gold, und der Mops war zu dem schönsten Onyx geworden, den man sich denken konnte. Die Abwechselung der braunen und schwarzen Farbe des kostbaren Gesteins machte ihn zum seltensten Kunstwerke.

Nimm deinen Korb, sagte der Alte, und stelle den Onyx hinein; alsdann nimm die drei Kohlhäupter, die drei Artischocken und die drei Zwiebeln, lege sie umher und trage sie zum Flusse. Gegen Mittag lass dich von der Schlange übersetzen und besuche die schöne Lilie, bring ihr den Onyx, sie wird ihn durch ihre Berührung lebendig machen, wie sie alles Lebendige durch ihre Berührung tötet; sie wird einen treuen Gefährten an ihm haben. Sage ihr, sie solle nicht trauern, ihre Erlösung sei nahe, das größte Unglück könne sie als das größte Glück betrachten, denn es sei an der Zeit.

Die Alte packte ihren Korb und machte sich, als es Tag war, auf den Weg. Die aufgehende Sonne schien hell über den Fluss herüber, der in der Ferne glänzte; das Weib ging mit langsamem Schritt, denn der Korb drückte sie aufs Haupt, und es war doch nicht der Onyx, der so lastete. Alles Tote, was sie trug, fühlte sie nicht, vielmehr hob sich alsdann der Korb in die Höhe und schwebte über ihrem Haupte. Aber ein frisches Gemüs oder ein kleines lebendiges Tier zu tragen, war ihr äußerst beschwerlich. Verdrießlich war sie eine Zeitlang hingegangen, als sie auf einmal erschreckt stillestand; denn sie hätte beinahe auf den Schatten des Riesen getreten, der sich über die Ebene bis zu ihr hin erstreckte. Und nun sah sie erst den gewaltigen Riesen, der sich im Fluss gebadet hatte, aus dem Wasser heraussteigen, und sie wusste nicht, wie sie ihm ausweichen sollte. Sobald er sie gewahr ward, fing er an, sie scherzhaft zu begrüßen, und die Hände seines Schattens griffen sogleich in den Korb. Mit Leichtigkeit und Geschicklichkeit nahmen sie ein Kohlhaupt, eine Artischocke und eine Zwiebel heraus und brachten sie dem Riesen zum

Munde, der sodann weiter den Fluss hinaufging und dem Weibe den Weg frei ließ.

Sie bedachte, ob sie nicht lieber zurückgehen und die fehlenden Stücke aus ihrem Garten wieder ersetzen sollte, und ging unter diesen Zweifeln immer weiter vorwärts, so dass sie bald an dem Ufer des Flusses ankam. Lange saß sie in Erwartung des Fährmanns, den sie endlich mit einem sonderbaren Reisenden herüberschiffen sah. Ein junger, edler, schöner Mann, den sie nicht genug ansehen konnte, stieg aus dem Kahne.

Was bringt Ihr? rief der Alte. – Es ist das Gemüse, das Euch die Irrlichter schuldig sind, versetzte die Frau und wies ihre Ware hin. Als der Alte von jeder Sorte nur zwei fand, ward er verdrießlich und versicherte, dass er sie nicht annehmen könne. Die Frau bat ihn inständig, erzählte ihm, dass sie jetzt nicht nach Hause gehen könne und dass ihr die Last auf dem Wege, den sie vor sich habe, beschwerlich sei. Er blieb bei seiner abschläglichen Antwort, indem er ihr versicherte, dass es nicht einmal von ihm abhange. Was mir gebührt, muss ich neun Stunden zusammen lassen, und ich darf nichts annehmen, bis ich dem Fluss ein Drittteil übergeben habe. Nach vielem Hin- und Widerreden versetzte endlich der Alte: Es ist noch ein Mittel. Wenn Ihr Euch gegen den Fluss verbürgt und Euch als Schuldnerin bekennen wollt, so nehm ich die sechs Stücke zu mir, es ist aber einige Gefahr dabei. – Wenn ich mein Wort halte, so laufe ich doch keine Gefahr? – Nicht die geringste. Steckt Eure Hand in den Fluss, fuhr der Alte fort, und versprecht, dass Ihr in vierundzwanzig Stunden die Schuld abtragen wollt.

Die Alte tat's, aber wie erschrak sie nicht, als sie ihre Hand kohlschwarz wieder aus dem Wasser zog. Sie schalt heftig auf den Alten, versicherte, dass ihre Hände immer das Schönste an ihr gewesen wären und dass sie, ungeachtet der harten Arbeit, diese edlen Glieder weiß und zierlich zu erhalten gewusst habe. Sie besah die Hand mit großem Verdrusse und rief verzweiflungsvoll aus: Das ist noch schlimmer! Ich sehe, sie ist gar geschwunden, sie ist viel kleiner als die andere.

Jetzt scheint es nur so, sagte der Alte; wenn Ihr aber nicht Wort haltet, kann es wahr werden. Die Hand wird nach und nach schwinden und endlich ganz verschwinden, ohne dass Ihr den Gebrauch derselben entbehrt. Ihr werdet alles damit verrichten können, nur dass sie niemand sehen wird. – Ich wollte lieber, ich könnte sie nicht brauchen und man säh' mir's nicht an, sagte die Alte; indessen hat das nichts zu bedeuten, ich werde mein Wort halten, um diese schwarze Haut und diese Sorge bald loszuwerden. Eilig nahm sie darauf den Korb, der sich von selbst über ihren Scheitel erhob und frei in die Höhe schwebte, und eilte dem jungen Manne nach, der sachte und in Gedanken am Ufer hinging. Seine herrliche Gestalt und sein sonderbarer Anzug hatten sich der Alten tief eingedruckt.

Seine Brust war mit einem glänzenden Harnisch bedeckt, durch den alle Teile seines schönen Leibes sich durchbewegten. Um seine Schultern hing ein Purpurmantel, um sein unbedecktes Haupt wallten braune Haare in schönen Locken; sein holdes Gesicht war den Strahlen der Sonne ausgesetzt, so wie seine schön gebauten Füße. Mit nackten Sohlen ging er gelassen über den heißen Sand hin, und ein tiefer Schmerz schien alle äußeren Eindrücke abzustumpfen.

Die gesprächige Alte suchte ihn zu einer Unterredung zu bringen, allein er gab ihr mit kurzen Worten wenig Bescheid, so dass sie endlich, ungeachtet seiner schönen Augen, müde ward, ihn immer vergebens anzureden, von ihm Abschied nahm und sagte: Ihr geht mir zu langsam, mein Herr, ich darf den Augenblick nicht versäumen, um über die grüne Schlange den Fluss zu passieren und der schönen Lilie das vortreffliche Geschenk von meinem Manne zu überbringen. Mit diesen Worten schritt sie eilends fort und ebenso schnell ermannte sich der schöne Jüngling und eilte ihr auf dem Fuße nach. Ihr geht zur schönen Lilie! rief er aus, da gehen wir einen Weg. Was ist das für ein Geschenk, das Ihr tragt?

Mein Herr, versetzte die Frau dagegen, es ist nicht billig, nachdem Ihr meine Fragen so einsilbig abgelehnt habt, Euch mit solcher Lebhaftigkeit nach meinen Geheimnissen zu erkundigen. Wollt Ihr aber einen Tausch eingehen und mir Eure Schicksale erzählen, so will ich Euch nicht verbergen, wie es mit mir und meinem Geschenke steht. Sie wurden bald einig; die Frau vertraute ihm ihre Verhältnisse, die Geschichte des Hundes und ließ ihn dabei das wundervolle Geschenk betrachten.

Er hob sogleich das natürliche Kunstwerk aus dem Korbe und nahm den Mops, der sanft zu ruhen schien, in seine Arme. Glückliches Tier! rief er aus, du wirst von ihren Händen berührt, du wirst von ihr belebt werden, anstatt dass Lebendige vor ihr fliehen, um nicht ein trauriges Schicksal zu erfahren. Doch was sage ich traurig! ist es nicht viel betrübter und bänglicher, durch ihre Gegenwart gelähmt zu werden, als es sein würde, von ihrer Hand zu sterben! Sieh mich an, sagte er zu der Alten; in meinen Jahren, welch einen elenden Zustand muss ich erdulden. Diesen Harnisch, den ich mit Ehren im Kriege getragen, diesen

Purpur, den ich durch eine weise Regierung zu verdienen suchte, hat mir das Schicksal gelassen, jenen als eine unnötige Last, diesen als eine unbedeutende Zierde. Krone, Zepter und Schwert sind hinweg, ich bin übrigens so nackt und bedürftig als jeder andere Erdensohn, denn so unselig wirken ihre schönen blauen Augen, dass sie allen lebendigen Wesen ihre Kraft nehmen und dass diejenigen, die ihre berührende Hand nicht tötet, sich in den Zustand lebendig wandelnder Schatten versetzt fühlen.

So fuhr er fort zu klagen und befriedigte die Neugierde der Alten keineswegs, welche nicht sowohl von seinem innern als von seinem äußern Zustande unterrichtet sein wollte. Sie erfuhr weder den Namen seines Vaters noch seines Königreichs. Er streichelte den harten Mops, den die Sonnenstrahlen und der warme Busen des Jünglings, als wenn er lebte, erwärmt hatten. Er fragte viel nach dem Mann mit der Lampe, nach den Wirkungen des heiligen Lichtes und schien sich davon für seinen traurigen Zustand künftig viel Gutes zu versprechen.

Unter diesen Gesprächen sahen sie von ferne den majestätischen Bogen der Brücke, der von einem Ufer zum andern hinüberreichte, im Glanz der Sonne auf das wunderbarste schimmern. Beide erstaunten, denn sie hatten dieses Gebäude noch nie so herrlich gesehen. Wie! rief der Prinz; war sie nicht schon schön genug, als sie vor unsern Augen wie von Jaspis und Prasem gebaut dastand? Muss man nicht fürchten, sie zu betreten, da sie aus Smaragd, Chrysopras und Chrysolith mit der anmutigsten Mannigfaltigkeit zusammengesetzt erscheint? Beide wussten nicht die Veränderung, die mit der Schlange vorgegangen war: denn die Schlange war es, die sich jeden Mittag über den Fluss hinüber bäumte und in Gestalt einer kühnen Brücke dastand. Die Wanderer betraten sie mit Ehrfurcht und gingen schweigend hinüber.

Sie waren kaum am jenseitigen Ufer, als die Brücke sich zu schwingen und zu bewegen anfing, in kurzem die Oberfläche des Wassers berührte und die grüne Schlange in ihrer eigentümlichen Gestalt den Wanderern auf dem Lande nachgleitete. Beide hatten kaum für die Erlaubnis, auf ihrem Rücken über den Fluss zu setzen, gedankt, als sie bemerkten, dass außer ihnen dreien noch mehrere Personen in der Gesellschaft sein müssten, die sie jedoch mit ihren Augen nicht erblicken konnten. Sie hörten neben sich ein Gezisch, dem die Schlange gleichfalls mit einem Gezisch antwortete; sie horchten auf und konnten endlich Folgendes vernehmen: Wir werden, sagten ein paar wechselnde Stimmen, uns erst inkognito in dem Park der schönen Lilie umsehen und ersuchen Euch, uns mit Anbruch der Nacht, sobald wir nur irgend präsentabel sind, der vollkommenen Schönheit vorzustellen. An dem Rande des großen Sees werdet Ihr uns antreffen. – Es bleibt dabei, antwortete die Schlange, und ein zischender Laut verlor sich in der Luft.

Unsere drei Wanderer beredeten sich nunmehr, in welcher Ordnung sie bei der Schönen vortreten wollten, denn so viel Personen auch um sie sein konnten, so durften sie doch nur einzeln kommen und gehen, wenn sie nicht empfindliche Schmerzen erdulden sollten.

Das Weib mit dem verwandelten Hunde im Korbe nahte sich zuerst dem Garten und suchte ihre Gönnerin auf, die leicht zu finden war, weil sie eben zur Harfe sang; die lieblichen Töne zeigten sich erst als Ringe auf der Oberfläche des stillen Sees, dann wie ein leichter Hauch setzten sie Gras und Büsche in Bewegung. Auf einem eingeschlossenen grünen Platze, in dem Schatten einer herrlichen Gruppe mannigfaltiger Bäume, saß sie und bezauberte beim ersten Anblick aufs Neue die Augen, das Ohr und das Herz des Weibes, das sich ihr mit Entzücken näherte und bei sich selbst schwur, die Schöne sei während ihrer Abwesenheit nur immer schöner geworden. Schon von weitem rief die gute Frau dem liebenswürdigsten Mädchen Gruß und Lob zu. Welch ein Glück, Euch anzusehen, welch einen Himmel verbreitet Eure Gegenwart um Euch her! Wie die Harfe so reizend in Eurem Schoße lehnt, wie Eure Arme sie so sanft umgeben, wie sie sich nach Eurer Brust zu sehnen scheint und wie sie unter der Berührung Eurer schlanken Finger so zärtlich klingt! Dreifach glücklicher Jüngling, der du ihren Platz einnehmen konntest!

Unter diesen Worten war sie näher gekommen; die schöne Lilie schlug die Augen auf, ließ die Hände sinken und versetzte: Betrübe mich nicht durch ein unzeitiges Lob, ich empfinde nur desto stärker mein Unglück. Sieh, hier zu meinen Füßen liegt der arme Kanarienvogel tot, der sonst meine Lieder auf das angenehmste begleitete; er war gewöhnt, auf meiner Harfe zu sitzen, und sorgfältig abgerichtet, mich nicht zu berühren; heute, indem ich vom Schlaf erquickt ein ruhiges Morgenlied anstimme, und mein kleiner Sänger munterer als jemals seine harmonischen Töne hören lässt, schießt ein Habicht über meinem Haupte hin; das arme kleine Tier, erschrocken, flüchtet in meinen Busen und in dem Augenblick fühl ich die letzten Zuckungen seines scheidenden Lebens. Zwar von meinem Blicke getroffen schleicht der Räuber dort ohnmächtig am Wasser hin, aber was kann mir seine Strafe helfen, mein

Liebling ist tot, und sein Grab wird nur das traurige Gebüsch meines Gartens vermehren.

Ermannt Euch, schöne Lilie! rief die Frau, indem sie selbst eine Träne abtrocknete, welche ihr die Erzählung des unglücklichen Mädchens aus den Augen gelockt hatte, nehmt Euch zusammen, mein Alter lässt Euch sagen, Ihr sollt Eure Trauer mäßigen, das größte Unglück als Vorbote des größten Glücks ansehen; denn es sei an der Zeit; und wahrhaftig, fuhr die Alte fort, es geht bunt in der Welt zu. Seht nur meine Hand, wie sie schwarz geworden ist! Wahrhaftig, sie ist schon um vieles kleiner, ich muss eilen, eh' sie gar verschwindet! Warum musst' ich den Irrlichtern eine Gefälligkeit erzeigen, warum musst' ich dem Riesen begegnen und warum meine Hand in den Fluss tauchen? Könnt Ihr mir nicht ein Kohlhaupt, eine Artischocke und eine Zwiebel geben? so bring ich sie dem Flusse und meine Hand ist weiß wie vorher, so dass ich sie fast neben die Eurige halten könnte.

Kohlhäupter und Zwiebeln könntest du allenfalls noch finden: aber Artischocken suchest du vergebens. Alle Pflanzen in meinem großen Garten tragen weder Blüten noch Früchte; aber jedes Reis, das ich breche und auf das Grab eines Lieblings pflanze, grünt sogleich und schießt hoch auf. Alle diese Gruppen, diese Büsche, diese Haine habe ich leider wachsen sehen. Die Schirme dieser Pinien, die Obelisken dieser Zypressen, die Kolossen von Eichen und Buchen, alles waren kleine Reiser, als ein trauriges Denkmal von meiner Hand in einen sonst unfruchtbaren Boden gepflanzt.

Die Alte hatte auf diese Rede wenig achtgegeben und nur ihre Hand betrachtet, die in der Gegenwart der schönen Lilie immer schwärzer und von Minute zu Minute kleiner zu werden schien. Sie wollte ihren Korb nehmen und eben forteilen, als sie fühlte, dass sie das Beste vergessen hatte. Sie hub sogleich den verwandelten Hund heraus und setzte ihn nicht weit von der Schönen ins Gras. Mein Mann, sagte sie, schickt Euch dieses Andenken, Ihr wisst, dass Ihr diesen Edelstein durch Eure Berührung beleben könnt. Das artige treue Tier wird Euch gewiss viel Freude machen, und die Betrübnis, dass ich ihn verliere, kann nur durch den Gedanken aufgeheitert werden, dass Ihr ihn besitzt.

Die schöne Lilie sah das artige Tier mit Vergnügen und, wie es schien, mit Verwunderung an. Es kommen viele Zeichen zusammen, sagte sie, die mir einige Hoffnung einflößen; aber ach! ist es nicht bloß ein Wahn unsrer Natur, dass wir dann, wenn vieles Unglück zusammentrifft, uns vorbilden, das Beste sei nah.

Was helfen mir die vielen guten Zeichen?
Des Vogels Tod, der Freundin schwarze Hand?
Der Mops von Edelstein, hat er wohl seinesgleichen?
Und hat ihn nicht die Lampe mir gesandt?

Entfernt vom süßen menschlichen Genusse,
Bin ich doch mit dem Jammer nur vertraut.
Ach! warum steht der Tempel nicht am Flusse!
Ach! warum ist die Brücke nicht gebaut!

Ungeduldig hatte die gute Frau diesem Gesange zugehört, den die schöne Lilie mit den angenehmen Tönen ihrer Harfe begleitete und der jeden andern entzückt hätte. Eben wollte sie sich beurlauben, als sie durch die Ankunft der grünen Schlange abermals abgehalten wurde. Diese hatte die letzten Zeilen des Liedes gehört und sprach deshalb der schönen Lilie sogleich zuversichtlich Mut ein.

Die Weissagung von der Brücke ist erfüllt! rief sie aus; fragt nur diese gute Frau, wie herrlich der Bogen gegenwärtig erscheint. Was sonst undurchsichtiger Jaspis, was nur Prasem war, durch den das Licht höchstens auf den Kanten durchschimmerte, ist nun durchsichtiger Edelstein geworden. Kein Beryll ist so klar und kein Smaragd so schönfarbig.

Ich wünsche Euch Glück dazu, sagte Lilie, allein verzeihet mir, wenn ich die Weissagung noch nicht erfüllt glaube. Über den hohen Bogen Eurer Brücke können nur Fußgänger hinüberschreiten und es ist uns versprochen, dass Pferde und Wagen und Reisende aller Art zu gleicher Zeit über die Brücke herüber- und hinüberwandern sollen. Ist nicht von den großen Pfeilern geweissagt, die aus dem Flusse selbst heraussteigen werden?

Die Alte hatte ihre Augen immer auf die Hand geheftet, unterbrach hier das Gespräch und empfahl sich. Verweilt noch einen Augenblick, sagte die schöne Lilie, und nehmt meinen armen Kanarienvogel mit. Bittet die Lampe, dass sie ihn in einen schönen Topas verwandle, ich will ihn durch meine Berührung beleben, und er, mit Eurem guten Mops, soll mein bester Zeitvertreib sein; aber eilt, was Ihr könnt, denn mit Sonnenuntergang ergreift unleidliche Fäulnis das arme Tier und zerreißt den schönen Zusammenhang seiner Gestalt auf ewig.

Die Alte legte den kleinen Leichnam zwischen zarte Blätter in den Korb und eilte davon.

Wie dem auch sei, sagte die Schlange, indem sie das abgebrochene Gespräch fortsetzte, der Tempel ist erbauet.

Er steht aber noch nicht am Flusse, versetzte die Schöne.

Noch ruht er in den Tiefen der Erde, sagte die Schlange; ich habe die Könige gesehen und gesprochen.

Aber wann werden sie aufstehn? fragte Lilie.

Die Schlange versetzte: Ich hörte die großen Worte im Tempel ertönen: es ist an der Zeit.

Eine angenehme Heiterkeit verbreitete sich über das Angesicht der Schönen. Höre ich doch, sagte sie, die glücklichen Worte schon heute zum zweiten Mal; wann wird der Tag kommen, an dem ich sie dreimal höre?

Sie stand auf, und sogleich trat ein reizendes Mädchen aus dem Gebüsch, das ihr die Harfe abnahm. Dieser folgte eine andre, die den elfenbeinernen geschnitzten Feldstuhl, worauf die Schöne gesessen hatte, zusammenschlug und das silberne Kissen unter den Arm nahm. Eine dritte, die einen großen, mit Perlen gestickten Sonnenschirm trug, zeigte sich darauf, erwartend, ob Lilie auf einem Spaziergange etwa ihrer bedürfe. Über allen Ausdruck schön und reizend waren diese drei Mädchen, und doch erhöhten sie nur die Schönheit der Lilie, indem sich jeder gestehen musste, dass sie mit ihr gar nicht verglichen werden konnten.

Mit Gefälligkeit hatte indes die schöne Lilie den wunderbaren Mops betrachtet. Sie beugte sich, berührte ihn, und in dem Augenblicke sprang er auf. Munter sah er sich um, lief hin und wider und eilte zuletzt, seine Wohltäterin auf das freundlichste zu begrüßen. Sie nahm ihn auf die Arme und drückte ihn an sich. So kalt du bist, rief sie aus, und obgleich nur ein halbes Leben in dir wirkt, bist du mir doch willkommen; zärtlich will ich dich lieben, artig mit dir scherzen, freundlich dich streicheln und fest dich an mein Herz drücken. Sie ließ ihn darauf los, jagte ihn von sich, rief ihn wieder, scherzte so artig mit ihm und trieb sich so munter und unschuldig mit ihm auf dem Grase herum, dass man mit neuem Entzücken ihre Freude betrachten und teil daran nehmen musste, so wie kurz vorher ihre Trauer jedes Herz zum Mitleid gestimmt hatte.

Diese Heiterkeit, diese anmutigen Scherze wurden durch die Ankunft des traurigen Jünglings unterbrochen. Er trat herein, wie wir ihn schon kennen, nur schien die Hitze des Tages ihn noch mehr abgemattet zu haben, und in der Gegenwart der Geliebten ward er mit jedem Augenblicke blässer. Er trug den Habicht auf seiner Hand, der wie eine Taube ruhig saß und die Flügel hängen ließ.

Es ist nicht freundlich, rief Lilie ihm entgegen, dass du mir das verhasste Tier vor die Augen bringst, das Ungeheuer, das meinen kleinen Sänger heute getötet hat.

Schilt den unglücklichen Vogel nicht! versetzte darauf der Jüngling; klage vielmehr dich an und das Schicksal, und vergönne mir, dass ich mit dem Gefährten meines Elends Gesellschaft mache.

Indessen hörte der Mops nicht auf, die Schöne zu necken, und sie antwortete dem durchsichtigen Liebling mit dem freundlichsten Betragen. Sie klatschte mit den Händen, um ihn zu verscheuchen; dann lief sie, um ihn wieder nach sich zu ziehen. Sie suchte ihn zu haschen, wenn er floh, und jagte ihn von sich weg, wenn er sich an sie zu drängen versuchte. Der Jüngling sah stillschweigend und mit wachsendem Verdrusse zu; aber endlich, da sie das hässliche Tier, das ihm ganz abscheulich vorkam, auf den Arm nahm, an ihren weißen Busen drückte und die schwarze Schnauze mit ihren himmlischen Lippen küsste, verging ihm alle Geduld und er rief voller Verzweiflung aus: Muss ich, der ich durch ein trauriges Geschick vor dir, vielleicht auf immer, in einer getrennten Gegenwart lebe, der ich durch dich alles, ja mich selbst verloren habe, muss ich vor meinen Augen sehen, dass eine so widernatürliche Missgeburt dich zur Freude reizen, deine Neigung fesseln und deine Umarmung genießen kann! Soll ich noch länger nur so hin- und widergehen und den traurigen Kreis den Fluss herüber und hinüber abmessen? Nein, es ruht noch ein Funke des alten Heldenmutes in meinem Busen; er schlage in diesem Augenblick zur letzten Flamme auf! Wenn Steine an deinem Busen ruhen können, so möge ich zu Stein werden; wenn deine Berührung tötet, so will ich von deinen Händen sterben.

Mit diesen Worten machte er eine heftige Bewegung; der Habicht flog von seiner Hand, er aber stürzte auf die Schöne los, sie streckte die Hände aus, ihn abzuhalten, und berührte ihn nur desto früher. Das Bewusstsein verließ ihn, und mit Entsetzen fühlte sie die schöne Last an ihrem Busen. Mit einem Schrei trat sie zurück, und der holde Jüngling sank entseelt aus ihren Armen zur Erde.

Das Unglück war geschehen! Die süße Lilie stand unbeweglich und blickte starr nach dem entseelten Leichnam. Das Herz schien ihr im Busen zu stocken und ihre Augen waren ohne Tränen. Vergebens suchte der Mops ihr eine freundliche Bewegung abzugewinnen; die ganze Welt war mit ihrem Freunde ausgestorben. Ihre stumme Verzweiflung sah sich nach Hülfe nicht um, denn sie kannte keine Hülfe.

Dagegen regte sich die Schlange desto emsiger; sie schien auf Rettung zu sinnen, und wirklich dienten ihre sonderbaren Bewegungen, wenigstens die nächsten schrecklichen

Folgen des Unglücks auf einige Zeit zu hindern. Sie zog mit ihrem geschmeidigen Körper einen weiten Kreis um den Leichnam, fasste das Ende ihres Schwanzes mit den Zähnen und blieb ruhig liegen.

Nicht lange, so trat eine der schönen Dienerinnen Liliens hervor, brachte den elfenbeinernen Feldstuhl und nötigte mit freundlichen Gebärden die Schöne, sich zu setzen; bald darauf kam die zweite, die einen feuerfarbigen Schleier trug und das Haupt ihrer Gebieterin damit mehr zierte als bedeckte; die dritte übergab ihr die Harfe, und kaum hatte sie das prächtige Instrument an sich gedrückt und einige Töne aus den Saiten hervorgelockt, als die erste mit einem hellen runden Spiegel zurückkam, sich der Schönen gegenüberstellte, ihre Blicke auffing und ihr das angenehmste Bild, das in der Natur zu finden war, darstellte. Der Schmerz erhöhte ihre Schönheit, der Schleier ihre Reize, die Harfe ihre Anmut, und sosehr man hoffte, ihre traurige Lage verändert zu sehen, so sehr wünschte man, ihr Bild ewig, wie es gegenwärtig erschien, festzuhalten.

Mit einem stillen Blick nach dem Spiegel lockte sie bald schmelzende Töne aus den Saiten, bald schien ihr Schmerz zu steigen, und die Saiten antworteten gewaltsam ihrem Jammer; einige Mal öffnete sie den Mund, zu singen, aber die Stimme versagte ihr, doch bald löste sich ihr Schmerz in Tränen auf, zwei Mädchen fassten sie hülfreich in die Arme, die Harfe sank aus ihrem Schoße, kaum ergriff noch die schnelle Dienerin das Instrument und trug es beiseite.

Wer schafft uns den Mann mit der Lampe, ehe die Sonne untergeht? zischte die Schlange leise, aber vernehmlich; die Mädchen sahen einander an, und Liliens Tränen vermehrten sich. In diesem Augenblicke kam atemlos die Frau mit dem Korbe zurück. Ich bin verloren und verstümmelt, rief sie aus; seht, wie meine Hand beinahe ganz weggeschwunden ist; weder der Fährmann noch der Riese wollten mich übersetzen, weil ich noch eine Schuldnerin des Wassers bin; vergebens habe ich hundert Kohlhäupter und hundert Zwiebeln angeboten, man will nicht mehr als die drei Stücke, und keine Artischocke ist nun einmal in diesen Gegenden zu finden.

Vergesst Eure Not, sagte die Schlange, und sucht hier zu helfen; vielleicht kann Euch zugleich mitgeholfen werden. Eilt, was Ihr könnt, die Irrlichter aufzusuchen, es ist noch zu hell, sie zu sehen, aber vielleicht hört Ihr sie lachen und flattern. Wenn sie eilen, so setzt sie der Riese noch über den Fluss, und sie können den Mann mit der Lampe finden und schicken.

Das Weib eilte, soviel sie konnte, und die Schlange schien ebenso ungeduldig als Lilie die Rückkunft der beiden zu erwarten. Leider vergoldete schon der Strahl der sinkenden Sonne nur den höchsten Gipfel der Bäume des Dickichts, und lange Schatten zogen sich über See und Wiese; die Schlange bewegte sich ungeduldig, und Lilie zerfloss in Tränen.

In dieser Not sah die Schlange sich überall um, denn sie fürchtete jeden Augenblick, die Sonne werde untergehen, die Fäulnis den magischen Kreis durchdringen und den schönen Jüngling unaufhaltsam anfallen. Endlich erblickte sie hoch in den Lüften, mit purpurroten Federn den Habicht, dessen Brust die letzten Strahlen der Sonne auffing. Sie schüttelte sich vor Freuden über das gute Zeichen, und sie betrog sich nicht; denn kurz darauf sah man den Mann mit der Lampe über den See hergleiten, gleich als wenn er auf Schlittschuhen ginge.

Die Schlange veränderte nicht ihre Stelle, aber die Lilie stand auf und rief ihm zu: Welcher gute Geist sendet dich in dem Augenblick, da wir so sehr nach dir verlangen und deiner so sehr bedürfen?

Der Geist meiner Lampe, versetzte der Alte, treibt mich, und der Habicht führt mich hierher. Sie spratzelt, wenn man meiner bedarf, und ich sehe mich nur in den Lüften nach einem Zeichen um; irgendein Vogel oder Meteor zeigt mir die Himmelsgegend an, wohin ich mich wenden soll. Sei ruhig, schönstes Mädchen! ob ich helfen kann, weiß ich nicht, ein Einzelner hilft nicht, sondern wer sich mit vielen zur rechten Stunde vereinigt. Aufschieben wollen wir und hoffen. Halte deinen Kreis geschlossen, fuhr er fort, indem er sich an die Schlange wendete, sich auf einen Erdhügel neben sie hinsetzte und den toten Körper beleuchtete. Bringt den artigen Kanarienvogel auch her und leget ihn in den Kreis! Die Mädchen nahmen den kleinen Leichnam aus dem Korbe, den die Alte stehen ließ, und gehorchten dem Manne.

Die Sonne war indessen untergegangen, und wie die Finsternis zunahm, fing nicht allein die Schlange und die Lampe des Mannes nach ihrer Weise zu leuchten an, sondern der Schleier Liliens gab auch ein sanftes Licht von sich, das wie eine zarte Morgenröte ihre blassen Wangen und ihr weißes Gewand mit einer unendlichen Anmut färbte. Man sah sich wechselsweise mit stiller Betrachtung an, Sorge und Trauer waren durch eine sichere Hoffnung gemildert.

Nicht unangenehm erschien daher das alte Weib in Gesellschaft der beiden muntern Flammen, die zwar zeither sehr verschwendet haben mussten, denn sie waren wieder äußerst mager geworden, aber sich nur desto artiger gegen die Prinzessin und die übrigen Frauenzimmer betrugen. Mit der größten Sicherheit und mit vielem Ausdruck sagten sie ziemlich gewöhnliche Sachen, besonders zeigten sie sich sehr empfänglich für den Reiz, den der leuchtende Schleier über Lilien und ihre Begleiterinnen verbreitete. Bescheiden schlugen die Frauenzimmer ihre Augen nieder, und das Lob ihrer Schönheit verschönerte sie wirklich. Jedermann war zufrieden und ruhig bis auf die Alte. Ungeachtet der Versicherung ihres Mannes, dass ihre Hand nicht weiter abnehmen könne solange sie von seiner Lampe beschienen sei, behauptete sie mehr als einmal, dass, wenn es so fortgehe, noch vor Mitternacht dieses edle Glied völlig verschwinden werde.

Der Alte mit der Lampe hatte dem Gespräch der Irrlichter aufmerksam zugehört und war vergnügt, dass Lilie durch diese Unterhaltung zerstreut und aufgeheitert worden. Und wirklich war Mitternacht herbeigekommen, man wusste nicht wie. Der Alte sah nach den Sternen und fing darauf zu reden an: Wir sind zur glücklichen Stunde beisammen, jeder verrichte sein Amt, jeder tue seine Pflicht, und ein allgemeines Glück wird die einzelnen Schmerzen in sich auflösen, wie ein allgemeines Unglück einzelne Freuden verzehrt.

Nach diesen Worten entstand ein wunderbares Geräusch, denn alle gegenwärtigen Personen sprachen für sich und drückten laut aus, was sie zu tun hätten, nur die drei Mädchen waren stille; eingeschlafen war die eine neben der Harfe, die andere neben dem Sonnenschirm, die dritte neben dem Sessel, und man konnte es ihnen nicht verdenken, denn es war spät. Die flammenden Jünglinge hatten nach einigen vorübergehenden Höflichkeiten, die sie auch den Dienerinnen gewidmet, sich doch zuletzt nur an Lilien, als die Allerschönste, gehalten.

Fasse, sagte der Alte zum Habicht, den Spiegel, und mit dem ersten Sonnenstrahl beleuchte die Schläferinnen und wecke sie mit zurückgeworfenem Lichte aus der Höhe.

Die Schlange fing nunmehr an sich zu bewegen, löste den Kreis auf und zog langsam in großen Ringen nach dem Flusse. Feierlich folgten ihr die beiden Irrlichter, und man hätte sie für die ernsthaftesten Flammen halten sollen. Die Alte und ihr Mann ergriffen den Korb, dessen sanftes Licht man bisher kaum bemerkt hatte, sie zogen von beiden Seiten daran, und er ward immer größer und leuchtender, sie hoben darauf den Leichnam des Jünglings hinein und legten ihm den Kanarienvogel auf die Brust, der Korb hob sich in die Höhe und schwebte über dem Haupte der Alten und sie folgte den Irrlichtern auf dem Fuße. Die schöne Lilie nahm den Mops auf ihren Arm und folgte der Alten, der Mann mit der Lampe beschloss den Zug, und die Gegend war von diesen vielerlei Lichtern auf das sonderbarste erhellt.

Aber mit nicht geringer Bewunderung sah die Gesellschaft, als sie zu dem Flusse gelangte, einen herrlichen Bogen über denselben hinübersteigen, wodurch die wohltätige Schlange ihnen einen glänzenden Weg bereitete. Hatte man bei Tage die durchsichtigen Edelsteine bewundert, woraus die Brücke zusammengesetzt schien, so erstaunte man bei Nacht über ihre leuchtende Herrlichkeit. Oberwärts schnitt sich der helle Kreis scharf an dem dunklen Himmel ab, aber unterwärts zuckten lebhafte Strahlen nach dem Mittelpunkte zu und zeigten die bewegliche Festigkeit des Gebäudes. Der Zug ging langsam hinüber, und der Fährmann, der von ferne aus seiner Hütte hervorsah, betrachtete mit Staunen den leuchtenden Kreis und die sonderbaren Lichter, die darüber hinzogen.

Kaum waren sie an dem andern Ufer angelangt, als der Bogen nach seiner Weise zu schwanken und sich wellenartig dem Wasser zu nähern anfing. Die Schlange bewegte sich bald darauf ans Land, der Korb setzte sich zur Erde nieder, und die Schlange zog aufs Neue ihren Kreis umher, der Alte neigte sich vor ihr und sprach: Was hast du beschlossen?

Mich aufzuopfern, ehe ich aufgeopfert werde, versetzte die Schlange; versprich mir, dass du keinen Stein am Lande lassen willst.

Der Alte versprach's und sagte darauf zur schönen Lilie: Rühre die Schlange mit der linken Hand an und deinen Geliebten mit der rechten. Lilie kniete nieder und berührte die Schlange und den Leichnam. Im Augenblicke schien dieser in das Leben überzugehen, er bewegte sich im Korbe, ja er richtete sich in die Höhe und saß; Lilie wollte ihn umarmen, allein der Alte hielt sie zurück, er half dagegen dem Jüngling aufstehn und leitete ihn, indem er aus dem Korbe und dem Kreise trat.

Der Jüngling stand, der Kanarienvogel flatterte auf seiner Schulter, es war wieder Leben in beiden, aber der Geist war noch nicht zurückgekehrt; der schöne Freund hatte die Augen offen und sah nicht, wenigstens schien er alles ohne Teilnehmung anzusehn, und kaum hatte sich die Verwunderung über diese Begebenheit in etwas gemäßigt, als man erst bemerkte, wie sonderbar die Schlange sich verändert hatte. Ihr schöner schlanker Körper war in tausend und tausend leuchtende Edelsteine zerfallen; unvorsichtig hatte die Alte, die nach ihrem Korbe greifen wollte, an sie gestoßen, und man sah nichts mehr von der Bildung der Schlange, nur ein schöner Kreis leuchtender Edelsteine lag im Grase.

Der Alte machte sogleich Anstalt, die Steine in den Korb zu fassen, wozu ihm seine Frau behülflich sein musste. Beide trugen darauf den Korb gegen das Ufer an einen erhabenen Ort, und er schüttete die ganze Ladung, nicht ohne Widerwillen der Schönen und seines Weibes, die gerne davon sich etwas ausgesucht hätten, in den Fluss. Wie leuchtende und blinkende Sterne schwammen dic Steine mit den Wellen hin, und man konnte nicht unterscheiden, ob sie sich in der Ferne verloren oder untersanken.

Meine Herren, sagte darauf der Alte ehrerbietig zu den Irrlichtern, nunmehr zeige ich Ihnen den Weg und eröffne den Gang, aber Sie leisten uns den größten Dienst, wenn Sie uns die Pforte des Heiligtums öffnen, durch die wir diesmal eingehen müssen und die außer Ihnen niemand aufschließen kann.

Die Irrlichter neigten sich anständig und blieben zurück. Der Alte mit der Lampe ging voraus in den Felsen, der sich vor ihm auftat; der Jüngling folgte ihm, gleichsam mechanisch; still und ungewiss hielt sich Lilie in einiger Entfernung hinter ihm; die Alte wollte nicht gerne zurückbleiben und streckte ihre Hand aus, damit ja das Licht von ihres Mannes Lampe sie erleuchten könne. Nun schlossen die Irrlichter den Zug, indem sie die Spitzen ihrer Flammen zusammenneigten und miteinander zu sprechen schienen.

Sie waren nicht lange gegangen, als der Zug sich vor einem großen ehernen Tore befand, dessen Flügel mit einem goldenen Schloss verschlossen waren. Der Alte rief sogleich die Irrlichter herbei, die sich nicht lange aufmuntern ließen, sondern geschäftig mit ihren spitzesten Flammen Schloss und Riegel aufzehrten.

Laut tönte das Erz, als die Pforten schnell aufsprangen und im Heiligtum die würdigen Bilder der Könige, durch die hereintretenden Lichter beleuchtet, erschienen. Jeder neigte sich vor den ehrwürdigen Herrschern, besonders ließen es die Irrlichter an krausen Verbeugungen nicht fehlen.

Nach einiger Pause fragte der goldne König: Woher kommt ihr? – Aus der Welt, antwortete der Alte. – Wohin geht ihr? fragte der silberne König. – In die Welt, sagte der Alte. – Was wollt ihr bei uns? fragte der eherne König. – Euch begleiten, sagte der Alte.

Der gemischte König wollte eben zu reden anfangen, als der goldne zu den Irrlichtern, die ihm zu nahe gekommen waren, sprach: Hebet euch weg von mir, mein Gold ist nicht für euren Gaum. Sie wandten sich darauf zum silbernen und schmiegten sich an ihn, sein Gewand glänzte schön von ihrem gelblichen Widerschein. Ihr seid mir willkommen, sagte er, aber ich kann euch nicht ernähren; sättiget euch auswärts und bringt mir euer Licht. Sie entfernten sich und schlichen, bei dem ehernen vorbei, der sie nicht zu bemerken schien, auf den zusammengesetzten los. Wer wird die Welt beherrschen? rief dieser mit stotternder Stimme. – Wer auf seinen Füßen steht, antwortete der Alte. – Das bin ich! sagte der gemischte König. – Es wird sich offenbaren, sagte der Alte, denn es ist an der Zeit.

Die schöne Lilie fiel dem Alten um den Hals und küsste ihn aufs herzlichste. Heiliger Vater, sagte sie, tausendmal dank ich dir, denn ich höre das ahnungsvolle Wort zum dritten Mal. Sie hatte kaum ausgeredet, als sie sich noch fester an den Alten hielt, denn der Boden fing unter ihnen an zu schwanken, die Alte und der Jüngling hielten sich auch aneinander, nur die beweglichen Irrlichter merkten nichts.

Man konnte deutlich fühlen, dass der ganze Tempel sich bewegte, wie ein Schiff, das sich sanft aus dem Hafen entfernt, wenn die Anker gelichtet sind; die Tiefen der Erde schienen sich vor ihm aufzutun als er hindurchzog. Er stieß nirgends an, kein Felsen stand ihm in dem Weg.

Wenige Augenblicke schien ein feiner Regen durch die Öffnung der Kuppel hereinzurieseln; der Alte hielt die schöne Lilie fester und sagte zu ihr: Wir sind unter dem Flusse und bald am Ziel. Nicht lange darauf glaubten sie stillzustehn, doch sie betrogen sich; der Tempel stieg aufwärts.

Nun entstand ein seltsames Getöse über ihrem Haupte. Bretter und Balken, in ungestalter Verbindung, begannen sich zu der Öffnung der Kuppel krachend hereinzudrängen. Lilie und die Alte sprangen zur Seite, der Mann mit der Lampe fasste den Jüngling und blieb stehen. Die kleine Hütte des Fährmanns, denn sie war es, die der Tempel im Aufsteigen vom Boden abgesondert und in sich aufgenommen hatte, sank allmählich herunter und bedeckte den Jüngling und den Alten.

Die Weiber schrien laut, und der Tempel schütterte wie ein Schiff, das unvermutet ans Land stößt. Ängstlich irrten die Frauen in der Dämmerung um die Hütte, die Türe war verschlossen und auf ihr Pochen hörte niemand. Sie pochten heftiger und wunderten sich nicht wenig, als zuletzt das Holz zu klingen anfing. Durch die Kraft der verschlossenen Lampe war die Hütte von innen heraus zu Silber geworden. Nicht lange, so veränderte sie sogar ihre Gestalt; denn das edle Metall verließ die zufälligen Formen der Bretter, Pfosten und Balken und dehnte sich zu einem herrlichen Gehäuse von getriebener Arbeit aus. Nun stand ein herrlicher kleiner Tempel in der Mitte des großen, oder, wenn man will, ein Altar, des Tempels würdig.

Durch eine Treppe, die von innen heraufging, trat nunmehr der edle Jüngling in die Höhe, der Mann mit der Lampe leuchtete ihm, und ein anderer schien ihn zu unterstützen, der in einem weißen kurzen Gewand hervorkam und ein silbernes Ruder in der Hand hielt; man erkannte in ihm sogleich den Fährmann, den ehemaligen Bewohner der verwandelten Hütte.

Die schöne Lilie stieg die äußeren Stufen hinauf, die von dem Tempel auf den Altar führten, aber noch immer musste sie sich von ihrem Geliebten entfernt halten. Die Alte, deren Hand, solange die Lampe verborgen gewesen, immer kleiner geworden war, rief: Soll ich doch noch unglücklich werden? Ist bei so vielen Wundern durch kein Wunder meine Hand zu retten? Ihr Mann deutete nach der offenen Pforte und sagte: Siehe, der Tag bricht an, eile und bade dich im Flusse. – Welch ein Rat! rief sie, ich soll wohl ganz schwarz werden und ganz verschwinden, habe ich doch meine Schuld noch nicht bezahlt. – Gehe, sagte der Alte, und folge mir! Alle Schulden sind abgetragen.

Die Alte eilte weg, und in dem Augenblick erschien das Licht der aufgehenden Sonne an dem Kranze der Kuppel, der Alte trat zwischen den Jüngling und die Jungfrau und rief mit lauter Stimme: Drei sind, die da herrschen auf Erden: die Weisheit, der Schein und die Gewalt. Bei dem ersten Worte stand der goldne König auf, bei dem zweiten der silberne, und bei dem dritten hatte sich der eherne langsam emporgehoben, als der zusammengesetzte König sich plötzlich ungeschickt niedersetzte.

Wer ihn sah, konnte sich, ungeachtet des feierlichen Augenblicks, kaum des Lachens enthalten, denn er saß nicht, er lag nicht, er lehnte sich nicht an, sondern er war unförmlich zusammengesunken.

Die Irrlichter, die sich bisher um ihn beschäftigt hatten, traten zur Seite; sie schienen, obgleich blass beim Morgenlichte, doch wieder gut genährt und wohl bei Flammen; sie hatten auf eine geschickte Weise die goldnen Adern des kolossalen Bildes mit ihren spitzen Zungen bis aufs Innerste herausgeleckt. Die unregelmäßigen leeren Räume, die dadurch entstanden waren, erhielten sich eine Zeitlang offen und die Figur blieb in ihrer vorigen Gestalt. Als aber auch zuletzt die zartesten Äderchen aufgezehrt waren, brach auf einmal das Bild zusammen und leider gerade an den Stellen, die ganz bleiben, wenn der Mensch sich setzt; dagegen blieben die Gelenke, die sich hätten biegen sollen, steif. Wer nicht lachen konnte, musste seine Augen wegwenden; das Mittelding zwischen Form und Klumpen war widerwärtig anzusehn.

Der Mann mit der Lampe führte nunmehr den schönen, aber immer noch starr vor sich hinblickenden Jüngling vom Altare herab und gerade auf den ehernen König los. Zu den Füßen des mächtigen Fürsten lag ein Schwert, in eherner Scheide. Der Jüngling gürtete sich. – Das Schwert an der

Linken, die Rechte frei! rief der gewaltige König. Sie gingen darauf zum silbernen, der sein Zepter gegen den Jüngling neigte. Dieser ergriff es mit der linken Hand, und der König sagte mit gefälliger Stimme: Weide die Schafe! Als sie zum goldenen Könige kamen, drückte er mit väterlich segnender Gebärde dem Jüngling den Eichenkranz aufs Haupt und sprach: Erkenne das Höchste!

Der Alte hatte während dieses Umgangs den Jüngling genau bemerkt. Nach umgürtetem Schwert hob sich seine Brust, seine Arme regten sich und seine Füße traten fester auf; indem er das Zepter in die Hand nahm, schien sich die Kraft zu mildern und durch einen unaussprechlichen Reiz noch mächtiger zu werden; als aber der Eichenkranz seine Locken zierte, belebten sich seine Gesichtszüge, sein Auge glänzte von unaussprechlichem Geist, und das erste Wort seines Mundes war Lilie.

Liebe Lilie! rief er, als er ihr die silbernen Treppen hinauf entgegeneilte; denn sie hatte von der Zinne des Altars seiner Reise zugesehn: liebe Lilie! was kann der Mann, ausgestattet mit allem, sich Köstlicheres wünschen als die Unschuld und die stille Neigung, die mir dein Busen entgegenbringt? Oh! mein Freund, fuhr er fort, indem er sich zu dem Alten wendete und die drei heiligen Bildsäulen ansah, herrlich und sicher ist das Reich unserer Väter, aber du hast die vierte Kraft vergessen, die noch früher, allgemeiner, gewisser die Welt beherrscht, die Kraft der Liebe. Mit diesen Worten fiel er dem schönen Mädchen um den Hals; sie hatte den Schleier weggeworfen und ihre Wangen färbten sich mit der schönsten unvergänglichsten Röte.

Hierauf sagte der Alte lächelnd: Die Liebe herrscht nicht, aber sie bildet, und das ist mehr.

Über dieser Feierlichkeit, dem Glück, dem Entzücken hatte man nicht bemerkt, dass der Tag völlig angebrochen war, und nun fielen auf einmal durch die offne Pforte ganz unerwartete Gegenstände der Gesellschaft in die Augen. Ein großer mit Säulen umgebener Platz machte den Vorhof, an dessen Ende man eine lange und prächtige Brücke sah, die mit vielen Bogen über den Fluss hinüberreichte; sie war an beiden Seiten mit Säulengängen für die Wanderer bequem und prächtig eingerichtet, deren sich schon viele Tausende eingefunden hatten, und emsig hin- und widergingen. Der große Weg in der Mitte war von Herden und Maultieren, Reitern und Wagen belebt, die an beiden Seiten, ohne sich zu hindern, stromweise hin- und herflossen. Sie schienen sich alle über die Bequemlichkeit und Pracht zu verwundern, und der neue König mit seiner Gemahlin war über die Bewegung und das Leben dieses großen Volks so entzückt, als ihre wechselseitige Liebe sie glücklich machte.

Gedenke der Schlange in Ehren, sagte der Mann mit der Lampe, du bist ihr das Leben, deine Völker sind ihr die Brücke schuldig, wodurch diese nachbarlichen Ufer erst zu Ländern belebt und verbunden werden. Jene schwimmenden und leuchtenden Edelsteine, die Reste ihres aufgeopferten Körpers, sind die Grundpfeiler dieser herrlichen Brücke, auf ihnen hat sie sich selbst erbaut und wird sich selbst erhalten.

Man wollte eben die Aufklärung dieses wunderbaren Geheimnisses von ihm verlangen, als vier schöne Mädchen zu der Pforte des Tempels hereintraten. An der Harfe, dem Sonnenschirm und dem Feldstuhl erkannte man sogleich die Begleiterinnen Liliens, aber die Vierte, schöner als die drei, war eine Unbekannte, die scherzend schwesterlich mit ihnen durch den Tempel eilte und die silbernen Stufen hinanstieg.

Wirst du mir künftig mehr glauben, liebes Weib? sagte der Mann mit der Lampe zu der Schönen: wohl dir und jedem Geschöpfe, das sich diesen Morgen im Flusse badet!

Die verjüngte und verschönerte Alte, von deren Bildung keine Spur mehr übrig war, umfasste mit belebten jugendlichen Armen den Mann mit der Lampe, der ihre Liebkosungen mit Freundlichkeit aufnahm. Wenn ich dir zu alt bin, sagte er lächelnd, so darfst du heute einen andern Gatten wählen; von heute an ist keine Ehe gültig, die nicht aufs Neue geschlossen wird.

Weißt du denn nicht, versetzte sie, dass auch du jünger geworden bist? – Es freut mich, wenn ich deinen jungen Augen als ein wackrer Jüngling erscheine; ich nehme deine Hand von neuem an und mag gern mit dir in das folgende Jahrtausend hinüberleben.

Die Königin bewillkommte ihre neue Freundin und stieg mit ihr und ihren übrigen Gespielinnen in den Altar hinab, indes der König in der Mitte der beiden Männer nach der Brücke hinsah und aufmerksam das Gewimmel des Volks betrachtete.

Aber nicht lange dauerte seine Zufriedenheit, denn er sah einen Gegenstand, der ihm einen Augenblick Verdruss erregte. Der große Riese, der sich von seinem Morgenschlaf noch nicht erholt zu haben schien, taumelte über die Brücke her und verursachte daselbst große Unordnung. Er war, wie gewöhnlich, schlaftrunken aufgestanden und gedachte sich in der bekannten Bucht des Flusses zu baden; anstatt derselben fand er festes Land und tappte auf dem breiten Pflaster der Brücke hin. Ob er nun gleich zwischen

Menschen und Vieh auf das ungeschickteste hineintrat, so ward doch seine Gegenwart zwar von allen angestaunt, doch von niemand gefühlt; als ihm aber die Sonne in die Augen schien und er die Hände aufhub, sie auszuwischen, fuhr der Schatten seiner ungeheuren Fäuste hinter ihm so kräftig und ungeschickt unter der Menge hin und wider, dass Menschen und Tiere in großen Massen zusammenstürzten, beschädigt wurden und Gefahr liefen, in den Fluss geschleudert zu werden.

Der König, als er diese Untat erblickte, fuhr mit einer unwillkürlichen Bewegung nach dem Schwerte, doch besann er sich und blickte ruhig erst sein Zepter, dann die Lampe und das Ruder seiner Gefährten an. Ich errate deine Gedanken, sagte der Mann mit der Lampe, aber wir und unsere Kräfte sind gegen diesen Ohnmächtigen ohnmächtig. Sei ruhig! er schadet zum letzten Mal, und glücklicherweise ist sein Schatten von uns abgekehrt.

Indessen war der Riese immer näher gekommen, hatte vor Verwunderung über das, was er mit offenen Augen sah, die Hände sinken lassen, tat keinen Schaden mehr, und trat gaffend in den Vorhof herein.

Gerade ging er auf die Türe des Tempels zu, als er auf einmal in der Mitte des Hofes an dem Boden festgehalten wurde. Er stand als eine kolossale mächtige Bildsäule von rötlich glänzendem Steine da, und sein Schatten zeigte die Stunden, die in einem Kreis auf dem Boden um ihn her, nicht in Zahlen, sondern in edlen und bedeutenden Bildern, eingelegt waren.

Nicht wenig erfreut war der König, den Schatten des Ungeheuers in nützlicher Richtung zu sehen; nicht wenig verwundert war die Königin, die, als sie mit größter Herrlichkeit geschmückt aus dem Altare mit ihren Jungfrauen heraufstieg, das seltsame Bild erblickte, das die Aussicht aus dem Tempel nach der Brücke fast zudeckte.

Indessen hatte sich das Volk dem Riesen nachgedrängt, da er stillstand, ihn umgeben und seine Verwandlung angestaunt. Von da wandte sich die Menge nach dem Tempel, den sie erst jetzt gewahr zu werden schien, und drängte sich nach der Tür.

In diesem Augenblick schwebte der Habicht mit dem Spiegel hoch über dem Dom, fing das Licht der Sonne auf und warf es über die auf dem Altar stehende Gruppe. Der König, die Königin und ihre Begleiter erschienen in dem dämmernden Gewölbe des Tempels von einem himmlischen Glanze erleuchtet, und das Volk fiel auf sein Angesicht. Als die Menge sich wieder erholt hatte und aufstand, war der König mit den Seinigen in den Altar hinabgestiegen, um durch verborgene Hallen nach seinem Palaste zu gehen, und das Volk zerstreute sich in dem Tempel, seine Neugierde zu befriedigen. Es betrachtete die drei aufrecht stehenden Könige mit Staunen und Ehrfurcht, aber es war desto begieriger zu wissen, was unter dem Teppiche in der vierten Nische für ein Klumpen verborgen sein möchte; denn, wer es auch mochte gewesen sein, wohlmeinende Bescheidenheit hatte eine prächtige Decke über den zusammengesunkenen König hingebreitet, die kein Auge zu durchdringen vermag und keine Hand wagen darf wegzuheben.

Das Volk hätte kein Ende seines Schauens und seiner Bewunderung gefunden, und die zudringende Menge hätte sich in dem Tempel selbst erdrückt, wäre ihre Aufmerksamkeit nicht wieder auf den großen Platz gelenkt worden.

Unvermutet fielen Goldstücke, wie aus der Luft, klingend auf die marmornen Platten, die nächsten Wanderer stürzten darüber her, um sich ihrer zu bemächtigen, einzeln wiederholte sich dies Wunder, und zwar bald hier und bald da. Man begreift wohl, dass die abziehenden Irrlichter sich hier nochmals eine Lust machten und das Gold aus den Gliedern des zusammengesunkenen Königs auf eine lustige Weise vergeudeten. Begierig lief das Volk noch eine Zeitlang hin und wider, drängte und zerriss sich auch noch, da keine Goldstücke mehr herabfielen. Endlich verlief es sich allmählich, zog seine Straße, und bis auf den heutigen Tag wimmelt die Brücke von Wanderern, und der Tempel ist der besuchteste auf der ganzen Erde.

Zu dieser Ausgabe

Die Texte folgen:

> Johann Wolfgang Goethe. Gedenkausgabe der Werke, Briefe und Gespräche. Hrsg. von Ernst Beutler. Bd. 9: Die Wahlverwandtschaften. Die Novellen. Die Maximen und Reflexionen. Hrsg. von Paul Stöcklein. Zürich: Artemis, 1949. S. 431–456: *Novelle*. S. 369–402: *Das Märchen*.

Die Orthographie wurde auf der Grundlage der gültigen amtlichen Rechtschreibregeln behutsam und unter Wahrung des Lautstands modernisiert. Die Zeichensetzung folgt der Druckvorlage.

Anmerkungen

Novelle

5,8 f. *Patrontäschchen ... Dachsranzen:* Teile der Jagdausrüstung.

6,6 *zudringenden:* dringlichen.

6,9 *auf dessen Vorstellung:* nach dessen Darlegung.

6,21 *Stall- und Hofjunker:* Bezeichnung für junge Bedienstete am Hof, zum Teil ohne Adelsstand.

7,22 *Oheim:* Bruder des Vaters oder der Mutter, in amtlichen Schriftsätzen auch als fürstlicher Titel verwendet.

7,23 f. *Portefeuille:* Mappe.

8,11 *Zwinger:* Bereich zwischen äußerer, vorgelagerter Burgmauer und innerer Hauptmauer, der ursprünglich Verteidigungsfunktion hatte, dann zunehmend als Gartenanlage oder zur Tierhaltung genutzt wurde.

8,25 *Lokal:* Ort, Örtlichkeit.

10,6 f. *Parterre:* eingefasstes und oft niedrig mit Blumen bepflanztes Gelände als Teil einer Garten- oder Parkanlage.

13,1 f. *brauschig ... pausig:* in der Bedeutung von geschwellt, wulstig, aufgebläht.

14,4 *Bänkelsänger:* von Ort zu Ort ziehende Sänger, die öffentlich (z. B. auf Marktplätzen) und leicht erhöht (z. B. auf einer kleinen Bank, einem Bänkel) stehend auftraten. Die vorgetragenen Lieder berichteten oftmals in erzählendem Ton von aktuellen Ereignissen.

16,16 *Pan schlafe:* Der Schlaf Pans, des Hirten- und Waldgottes der griechischen Mythologie, zur Mittagsstunde ist ein Motiv der arkadischen Naturbeschreibung.

17,13 *Feueranstalten:* Schutzeinrichtungen gegen Brände.

19,23 *strack:* sogleich, augenblicklich.

20,6 *Hirschfänger:* kurzes, zur Jagd verwendetes Messer.

20,10 ff. *Türkenkopf ... Mohrenhaupt:* hier verwendet als orientalisierend gestaltete Zielattrappen bei Ritterspielen.

23,23 f. *Es ist nicht Klagenszeit; ach, mein Herr und mächtiger Jäger:*

an das biblische »Alles hat seine Zeit« (Prediger 3 und Kontext) erinnernd.

25,10 f. *sanfte süße Flöte:* mild und weich klingende Blockflötenart (*flauto dolce*), deren Klang der menschlichen Stimme ähnelt. Die Wirkung des Flötenspiels spielt auch in Mozarts 1791 uraufgeführter Oper *Die Zauberflöte* eine Rolle.

25,13 *Wärtel:* Wärter, Wächter.

26,4 *mit anständigem Enthusiasmus:* mit der Situation entsprechender, angemessener Begeisterung.

27,3 *Aber im Palmenwald trat er auf, der Löwe:* vgl. Jeremias 5,6.

27,7 *Ebenbilde Gottes:* vgl. Genesis 1,27.

27,9 *Denn in der Löwengrube scheute sich Daniel nicht:* vgl. Daniel 6,17–28. Der gottestreue Daniel wird in der biblischen Erzählung zur Strafe in eine Löwengrube geworfen, überlebt aber durch den Schutz Gottes in Gestalt eines Engels.

28,14 ff. *Denn der Ew'ge … Lämmer werden:* vgl. Jesaja 11,6 und 11,9.

28,17 *Und die Welle schwankt zurück:* vgl. Exodus 14,21–30.

28,19 ff. *Glaub' und Hoffnung … Gebet enthüllt:* vgl. 1. Korinther 13,13.

29,12 f. *durch Euren Gesang … Flötentöne:* Die Besänftigung von Tieren durch Gesang verweist auf den antiken Orpheus-Mythos, dessen Sangeskunst Tiere und Menschen, aber auch das Meer und Bäume in Ruhe und Bewunderung versetzte.

29,16 *Kastellan:* Aufsichtsbeamter eines Schlosses oder einer Burg.

29,24 *Reisig:* dünne Zweige.

32,8 *scharfer Dornzweig:* Die Behandlung einer durch einen Dorn verletzten Löwenpranke ist aus der Antike mehrfach überliefert, etwa in der Löwenlegende des heiligen Hieronymus oder in der Geschichte des römischen Sklaven Androklus, der auf der Flucht vor seinem Herrn mit einem Löwen zusammenlebt (vgl. Aulus Gellius, *Attische Nächte*). Als er nach seiner erneuten Gefangennahme in der Arena wilden Tieren zum Fraß vorgeworfen werden soll, wird er von diesem Löwen wiedererkannt und verteidigt.

34,8 *Irrlichter:* Lichterscheinung, changierend zwischen chemisch-physikalisch gedeutetem Phänomen (z. B. als kleines, in Mooren oder Sümpfen vom Boden aufsteigendes Flämmchen) und übernatürlicher, oftmals anthropomorph oder gespenstisch besetzter Naturerscheinung.

36,17 *ihr anmutiges Licht:* Goethes bis in die 1770er Jahre zurückreichendes Interesse an Phänomenen der Optik, der Lichtbrechung und der Farbchromatik findet seinen Niederschlag in der 1810 publizierten wissenschaftlichen Studie *Zur Farbenlehre.* Vorarbeiten zur *Farbenlehre,* die *Beiträge zur Optik,* in denen Goethe die Zerlegung des Lichts mit Prismen untersucht, erscheinen bereits 1791 und 1792.

37,6 *Muhme:* ältere Verwandtschaftsbezeichnung für Tante oder Base.

39,28 *Haken und Haare:* Bezeichnung für die Gestalt von Silberadern.

40,17 *Rotonde:* (frz.) Rotunde: Bau mit kreisförmigem Grundriss.

42,28 *Es ist an der Zeit!:* In seiner leitmotivischen Verwendung erinnert der Satz an das biblische »Die Zeit ist nahe!« (Offenbarung des Johannes 22,10).

44,28 *Onyx:* als Schmuckstein verwendete Quarz-Varietät, oftmals mit schwarz-weißen, grauen oder dunkelbraunen Streifen. Ab den 1780er Jahren entwickelt der Mineraloge Abraham Gottlob Werner erste systematische Mineralien-Klassifikationen. Goethe verfertigte ebenfalls mineralogische Studien und legte eine Mineraliensammlung an.

49,26 *Jaspis:* Halbedelstein von gewöhnlich »gelblich- und leberbrauner, ziegel-, blut- und cochenillerother Farbe« (Abraham Gottlob Werner, *Oryktognosie oder Handbuch für die Liebhaber der Mineralogie,* Leipzig 1792 [im Folgenden zit. als: Werner, *Handbuch*], S. 75).

49,26 *Prasem:* Edelstein »von einer etwas dunkeln lauchgrünen Farbe« (Werner, *Handbuch,* S. 46).

49,27 *Chrysopras:* Halbedelstein »von einer schönen apfelgrünen Farbe« (Werner, *Handbuch,* S. 12).

49,28 *Chrysolith:* Schmuckstein zwischen »spargelgrün« und »pistaziengrün« (Werner, *Handbuch*, S. 24).

52,22 *Reis:* zur Einpflanzung oder zur Pfropfung verwendetes Zweigstück.

54,9 *Beryll:* Edelstein, meist bläulich oder »von einer berggrünen Farbe« (Werner, *Handbuch*, S. 14).

54,22 *Topas:* Halbedelstein in meist hellen Farben.

58,3f. *fasste das Ende ihres Schwanzes mit den Zähnen:* Das Bild der zum Ring geschlossenen, sich in den Schwanz beißenden Schlange wird oft als Symbol der Ewigkeit oder Unendlichkeit verwendet.

60,8 *spratzelt:* flackert, knistert.

69,23 *Bildsäulen:* Standbilder, Statuen.

73,24 *Bescheidenheit:* Neben der Bedeutung der Mäßigung der eigenen Ansprüche oder Forderungen ist um 1800 noch die ältere, wenngleich seltenere Verwendung im Sinne eines Bescheidwissens, einer auf das Vermögen zur Unterscheidung bezogenen Kenntnis oder Einsicht, bekannt.

Literaturhinweise

Ausgaben

Johann Wolfgang Goethe. Gedenkausgabe der Werke, Briefe und Gespräche. Hrsg. von Ernst Beutler [u. a.]. 24 Bde. Zürich: Artemis, 1948–54. 3 Erg.-Bde. Zürich/Stuttgart: Artemis, 1960–71. – Bd. 9: Die Wahlverwandtschaften. Die Novellen. Die Maximen und Reflexionen. Hrsg. von Paul Stöcklein. Zürich: Artemis, 1949. [Bd. 9: *Novelle*, S. 431–456; *Das Märchen*, S. 369–402.]

Johann Wolfgang von Goethe: Sämtliche Werke, Briefe, Tagebücher und Gespräche. (Frankfurter Ausgabe.) Hrsg. von Hendrik Birus, Albrecht Schöne [u. a.]. 40 Bde. Frankfurt a. M.: Deutscher Klassiker Verlag, 1985–99 ff. [Bd. 8: *Novelle*, S. 531–555; Bd. 9: *Das Märchen*, S. 1082–1114.] [Texte aus dieser Ausgabe werden im Nachwort unter der Sigle FA mit Angabe des Bandes und der Seitenzahl zitiert.]

Forschungsliteratur

Anderson, Lisa Marie: Countering Catastrophe. Goethe's *Novelle* in the Aftershock of Heinrich von Kleist. In: Goethe Yearbook 26 (2019) S. 65–78.

Bahr, Erhard: Die Neuvermessung von Lyrik und Prosa in Goethes *Novelle*. In: Goethe Yearbook 25 (2018) S. 289–298.

Boyle, Nicholas: Goethe, *Novelle*. In: Landmarks in German Short Prose. Hrsg. von Peter Hutcheson. Bern [u. a.] 2003. S. 11–27.

Bräutigam, Bernd: Die ästhetische Erziehung der deutschen Ausgewanderten. In: Zeitschrift für deutsche Philologie 96 (1977) S. 508–539.

Breidbach, Olaf: Goethes Naturverständnis. München 2011.

Cheesman, Tom: Goethes *Novelle*. Die Novelle und der Bänkelsang. In: Goethe-Jahrbuch 111 (1994) S. 125–140.

Clement, Christian: Offenbares Geheimnis oder geheime Offenbarung? Goethes *Märchen* und die Apokalypse. In: Goethe Yearbook 7 (2010) S. 239–257.

Dahlhaus, Carl: Klassische und romantische Musikästhetik. Laaber 1988.

Fink, Gonthier-Louis: *Das Märchen.* Goethes Auseinandersetzung mit seiner Zeit. In: Neue Folge des Jahrbuchs der Goethe-Gesellschaft 33 (1971) S. 96–122.

Gailus, Andreas: Poetics of Containment. Goethe's *Conversations of German Refugees* and the Crisis of Representation. In: Modern Philology 100 (2002/03) S. 436–474.

Jacobs, Jürgen: »Löwen sollen Lämmer werden«. Zu Goethes *Novelle.* In: Literarische Utopie-Entwürfe. Hrsg. von Hiltrud Gnüg. Frankfurt a. M. 1982. S. 187–195.

Jahn, Bernhard: Das Hörbarwerden des unerhörten Ereignisses. Sinne, Künste und Medien in Goethes *Novelle.* In: Euphorion 95 (2001) S. 17–37.

Kaiser, Gerhard: Zur Aktualität Goethes. Kunst und Gesellschaft in seiner *Novelle.* In: Jahrbuch der deutschen Schillergesellschaft 29 (1985) S. 248–265.

Klingenberg, Anneliese: Goethes *Novelle* und *Faust II.* Zur Problematik Goethescher Symbolik im Spätwerk. In: Impulse. Aufsätze, Quellen, Berichte zur deutschen Klassik und Romantik 10 (1987) S. 75–123.

Kreuzer, Ingrid: Strukturprinzipien in Goethes *Märchen.* In: I. K.: Literatur als Konstruktion. Studien zur deutschen Literaturgeschichte zwischen Lessing und Martin Walser. Frankfurt a. M. [u. a.] 1989. S. 65–95.

Ludwig, Ariane: »Ohne Poesie läßt sich nichts in der Welt wirken, Poesie aber ist Mährchen.« Zu Johann Wolfgang von Goethes Märchen und zu seinem Mährchen. In: Fabula 55 (2014) S. 87–104.

Mandelartz, Michael: Vom Gestein zur Poesie. Zum Verfahren der Steigerung in Goethes *Novelle.* In: Herder-Studien 5 (1999) S. 127–159.

Michler, Werner: Kulturen der Gattung. Poetik im Kontext, 1750–1950. Göttingen 2015.

Mülder-Bach, Inka: Das Abenteuer der Novelle. Abenteuer und Ereignis in den *Unterhaltungen deutscher Ausgewanderten* und der

Novelle Goethes. In: Abenteuer. Erzählmuster, Formprinzip, Genre. Hrsg. von Martin von Koppenfels und Manuel Mühlbacher. München 2019. S. 161–188.

Neumann, Gerhard: Fernrohr und Flöte. Erzählte Räume in Goethes *Novelle*. In: Goethe und die Musik. Hrsg. von Walter Hettche und Rolf Selbmann. Würzburg 2012. S. 125–148.

Niggl, Günter: Verantwortliches Handeln als Utopie? Überlegungen zu Goethes *Märchen*. In: Verantwortung und Utopie. Zur Literatur der Goethezeit. Hrsg. von Wolfgang Wittkowski. Tübingen 1988. S. 91–108.

Oesterle, Günter: Die »schwere Aufgabe, zugleich bedeutend und deutungslos« sowie »an nichts und alles erinnert« zu sein. Bild- und Rätselstrukturen in Goethes *Das Märchen*. In: Bildersturm und Bilderflut um 1800. Zur schwierigen Anschaulichkeit der Moderne. Hrsg. von Helmut J. Schneider, Ralf Simon und Thomas Wirtz. Bielefeld 2001. S. 185–209.

Ohly, Friedrich: Römisches und Biblisches in Goethes *Märchen*. In: F. O.: Ausgewählte und neue Schriften zur Literaturgeschichte und zur Bedeutungsforschung. Hrsg. von Uwe Ruberg und Dietmar Peil. Stuttgart/Leipzig 1995. S. 217–235.

Pfaff, Peter: Das *Horen-Märchen*. Eine Replik Goethes auf Schillers *Briefe über die ästhetische Erziehung*. In: Geist und Zeichen. Festschrift für Arthur Henkel. Hrsg. von Herbert Anton, Bernhard Gajek und P. P. Heidelberg 1977. S. 320–332.

Reinhardt, Hartmut: Lizenz zum Spielen. Goethes *Märchen* in seiner dialogischen Verbindung mit Schillers ästhetischen Schriften. In: Jahrbuch der Deutschen Schillergesellschaft 47 (2003) S. 99–122.

Schneider, Martin: Paradoxien der Präsenz. Die narrative Darstellung ereignishafter Zeiterfahrung in Goethes *Novelle*. In: Euphorion 111 (2017) S. 201–224.

Söring, Jürgen: Die Verwirrung und das Wunderbare in Goethes Unterhaltungen deutscher Ausgewanderten. In: Zeitschrift für deutsche Philologie 100 (1981) S. 544–559.

Staiger, Emil: Goethe. »Novelle«. In: Trivium 1 (1942) S. 4–30. – Wiederabgedr. in: E. St.: Meisterwerke deutscher Sprache aus dem 19. Jahrhundert. Zürich [2]1948. S. 136–164.

– Goethe: *Novelle.* In: Interpretationen. Bd. 4: Deutsche Erzählungen von Wieland bis Kafka. Hrsg. von Jost Schillemeit. Frankfurt a. M. 1966. S. 53–74.

Sturm, Fabian: Das ›Blätterwerk‹ der Kunst. Auf den Spuren eines morphologischen Narrativs in Goethes *Novelle.* In: Jahrbuch der deutschen Schillergesellschaft 59 (2015) S. 156–179.

Sullivan, Heather I.: Seeing the Light: Goethe's *Märchen* as Science – Newton's Science as Fairy Tale. In: Goethe Yearbook 14 (2006). S. 103–127.

Träger, Christine: Goethes *Unterhaltungen deutscher Ausgewanderten* als Ausdruck eines novellistischen Zeitbewußtseins. In: Goethe-Jahrbuch 107 (1990) S. 144–157.

Vietor, Sophia: Das Wunderbare in den Märchen von Goethe und Novalis. Halle/Zürich 1995.

Wergin, Ulrich: Vom Symbol zur Allegorie? Der Weg von der Frühklassik zur Frühromantik, verfolgt im Ausgang von Goethes *Iphigenie* über *Das Märchen* bis hin zu Novalis' *Glauben und Liebe.* In: Norm und Transgression in deutscher Sprache und Literatur. Hrsg. von Victor Millet. München 1996. S. 75–125.

Witte, Bernd: Das Opfer der Schlange. Zur Auseinandersetzung Goethes mit Schiller in den *Unterhaltungen deutscher Ausgewanderten* und im *Märchen.* In: Unser Commercium. Goethes und Schillers Literaturpolitik. Hrsg. von Wilfried Barner, Eberhard Lämmert und Norbert Oellers. Stuttgart 1984. S. 461–484.

Zumbusch, Cornelia: Die Immunität der Klassik. Berlin 2011.

Nachwort

Das *Märchen* und die *Novelle*, so suggeriert die Wahl ihrer Titel, sind Muster ihrer Gattungen. Besonderes Interesse hat deshalb stets den gattungstypologischen Überlegungen gegolten, von denen beide Texte begleitet werden. Dem *Märchen* – 1795 im Rahmen des Novellenzyklus *Unterhaltungen deutscher Ausgewanderten* erschienen – gehen fiktionsinterne Beratungen über die Kunst des Erzählens voran, in denen es den Zuhörenden als Produkt einer freien, nicht an die Gesetze der Wirklichkeit gebundenen Einbildungskraft angekündigt wird. Die Bezeichnung der dabei hervorgebrachten Erzählung als »Wesen einer eigenen Gattung« (FA 9, S. 1081) hat man als Hinweis auf das märchentypische Wunderbare und Phantastische gelesen (Ludwig 2014). Im Gespräch über die *Novelle* hat Goethe die Formel von der ›unerhörten Begebenheit‹ geprägt (Gespräch mit Eckermann, 29. 1. 1827, FA 39, S. 221), auf der doch eigentlich jede Novelle beruhen müsse. Die Kennzeichnungen einzelner Geschehensmomente als besonders ereignishaft finden sich auch im Text der *Novelle*, dort aber keineswegs nur auf einen, sondern auf unterschiedliche Vorfälle bezogen. Werner Michler sieht in den mit Gattungsnamen überschriebenen Texten deshalb auch nicht Exempel für, sondern »Proben« auf die Gattung (Michler 2015, S. 404). Dass die literarischen Texte selbst zum Ort der Aushandlung von Gattungskennzeichen werden, verdankt sich der Geschichte dieser Genres. Bei beiden handelt es sich um Erzählformen mit volkstümlichen Wurzeln, die in den antiken und frühneuzeitlichen Poetiken nicht beschrieben worden sind und die entsprechend am Übergang von den normativen Regelpoetiken zur literarischen Ästhetik für neue Verwendungen bereitliegen. Insbesondere das *Märchen* nimmt auf die im ausgehenden 18. Jahrhundert formulierte Autonomieästhetik deutlichen Bezug.

Goethe publiziert das *Märchen* als letzten Teil der *Unterhaltungen deutscher Ausgewanderten*, die in Schillers neugegründeter Zeitschrift *Die Horen* in mehreren Lieferungen erscheinen. Schiller will mit diesem Zeitschriftenprojekt von den Diskussionen über die Französische Revolution und deren Folgen ablenken und wirbt Beiträge ein, die sich nicht mit tagesaktuellen Fragen befassen sollen. Goethe reagiert auf die Einladung mit einer Reihe von Erzählungen, deren Rahmung ebendiese Ereignisse aufgreift. An Boccaccios *Decamerone* anknüpfend, handeln die *Unterhaltungen* von einer Gruppe von Adeligen, die durch die Revolutionskriege vertrieben worden sind und einander nun, so sieht es das Erzählprogramm der Baronesse vor, zur Wiederherstellung der alten höflichen Kommunikationsformen Geschichten erzählen (Bräutigam 1977; Pfaff 1977). Dennoch registrieren die in den *Unterhaltungen* versammelten Novellen, die um den schockhaften Einbruch des Spukhaften und Unerklärlichen kreisen, die zeitpolitischen Erschütterungen in abgewandelter Weise (Söring 1981; Träger 1990). Einzig dem *Märchen* scheint die Ablenkung von der Tagespolitik zu gelingen. Wenn die Zuhörenden dadurch »an nichts und an alles erinnert werden sollen« (FA 9, S. 1081), dann suspendiert das *Märchen* jede außerdichterische Referenz. Durch keinen Realitätssinn eingeschränkt, verlegt es sich auf die *poiesis* einer erdichteten Welt statt auf die *mimesis* der wirklichen Welt. Es präsentiert sich als Paradigma eines autonomieästhetischen Programms, das sich gegen die illusionspoetische »Verwechslung von Kunst und Wirklichkeit« richtet (Fink 1971, S. 104). Die damit einhergehende Unmöglichkeit, die Geschichten abschließend zu deuten, wird durch die Platzierung des *Märchens* am Ende des Erzählzyklus noch hervorgehoben, ist es doch die einzige Erzählung, über die sich die Erzählgesellschaft nicht mehr deutend austauscht. Tatsächlich geben die phantastischen Figuren und Handlungselemente des *Märchens* eine Reihe von Rätseln auf.

Das *Märchen* setzt mit einer markanten Krisensituation ein, in der die Lage der Ausgewanderten in seltsam unwirkliche Handlungselemente übersetzt zu sein scheint. Ein todbringender Fluss, der das nicht näher bestimmte Märchenland durchzieht, ist über die Ufer getreten. Die Möglichkeiten, ihn dennoch zu überschreiten, sind auf ungewöhnliche Weise reguliert. Ein Fährmann, eine Schlange und ein torkelnder Riese können den Fluss nur zu bestimmten Zeiten, in festgelegter Richtung und um einen gewissen Preis überqueren. Die Krise spitzt sich zu, als eine junge Frau namens Lilie, deren Berührung alles Lebende zu Stein werden lässt, den traurig in sie verliebten Jüngling versteinert. Die Rettung gelingt durch die grüne Schlange, die sich in eine über den Todesfluss gespannte Brücke aus Smaragd verwandelt. Daraufhin bewegt sich eine unterirdische Höhle mit vier aus Edelmetallen gegossenen Königen unter dem Fluss hindurch an die Oberfläche, die Hütte des Fährmanns wird zum Teil eines prachtvollen Tempels, der Alte mit der Lampe und seine Frau werden wieder jung, alles Versteinerte wird wieder lebendig und der bedrohliche Riese erhält eine Funktion als Sonnenuhr. Mit diesen Richtigstellungen des Bedrückenden, Bedrohlichen und

Verkehrten durch »die Kraft der Liebe« (S. 69) scheint eingelöst, was in der Erzählung mehrfach laut versprochen wird: Es sei »an der Zeit« (S. 42, 45, 52, 55, 65). Am Ende stehen ein neugekröntes, in glänzendem Licht erstrahlendes Königspaar, ein Wallfahrtsort und eine Brücke, auf der die Wanderer »emsig hin- und widergingen« und »ohne sich zu hindern, stromweise hin- und herflossen« (S. 70).

Mit seinem synkretistischen, unterschiedliche Mythologien, Literaturen und Wissenskomplexe verbindenden Charakter weist Goethes *Märchen* auf das romantische Kunstmärchen voraus, wie Novalis es etwa im Klingsohr-Märchen des *Heinrich von Ofterdingen* ausgeformt hat (Vietor 1995). Goethes Kennzeichnung der im *Märchen* auftretenden Figuren und Dinge als »zugleich bedeutend und bedeutungslos« (Goethe an Humboldt, 27.5.1796, FA 9, S. 1531) hat man als Hinweis auf ihren symbolischen Charakter gedeutet: Anders als die rational auflösbare Allegorie meint das Symbol bei Goethe einen Modus der Bedeutungsbildung, der auf die Andeutung begrifflich nicht fixierbarer Ideen ausgerichtet ist (Wergin 1996, S. 92; Reinhardt 2003, S. 104). Produktiver als der Versuch, einzelne Elemente zweifelsfrei zu entschlüsseln, ist für die Lektüre des Goethe'schen *Märchens* deshalb die Frage nach ihrer Anordnung. Damit sind die abgezirkelte Topographie des Spielorts und die sich darauf abzeichnenden, ornamental anmutenden Bewegungen (Kreuzer 1989; Oesterle 2001) ebenso gemeint wie die Strukturmotive, die jenen Bewegungsmustern zugrunde liegen. So wird die Handlung von zwei Prinzipien regiert, die sich mit den Begriffen der Metamorphose und der kommunikativen Verbindung umreißen lassen.

Der wiederholte Ruf ›Es ist an der Zeit‹ unterlegt dem Geschehen zunächst eine providenzielle Rhythmik von Prophezeiung und Erlösung. Das Erlösungsgeschehen erinnert nicht nur »an den säkularisierten Chiliasmus mittelalterlicher Weltkaiser-Prophetien« (Niggl 1988, S. 101), sondern ist auch mit Bildern und Formeln alttestamentlicher Prophetien ausgestattet (Ohly 1995, S. 233–235). Insofern es sich auffällig eng an die Johannesoffenbarung hält, hat man das *Märchen* als eine im Medium der Poesie geleistete Apokalypse im Wortsinn der Ent-Deckung gelesen (Clement 2010). Bei der Durchführung dieses Erlösungsgeschehens fällt das durchaus gattungstypische Prinzip der Verwandlung auf. Das Geschehen des *Märchens* wird von Transformationen regiert, in denen sich Goethes Grundüberzeugung von der dynamischen, in steter Veränderung befindlichen Natur (Breidbach 2011) als das Gesetz der erfundenen Welt erweist: Erstarrtes wird beweglich, Abgestorbenes regeneriert sich und wird lebendig, organische wird zu anorganischer Materie, alt zu jung, arm zu reich, was unten war, bewegt sich nach oben, was formlos war, findet zu einer Form. Wenn die erlösende »Kraft der Liebe« zuletzt als Kraft identifiziert wird, die nicht »herrscht«, sondern »bildet« (S. 69), dann ist hier nicht nur der Aspekt einer ästhetischen Erziehung, sondern auch der Gedanke der Metamorphose angesprochen, die Goethe in seinen naturwissenschaftlichen Studien als Bildung und Umbildung bestimmt. So lässt sich vermuten, dass Goethe im *Märchen* das, was er für das zentrale Entwicklungsgesetz der Natur hält, auch zum Bauprinzip des Textes gemacht hat. Bezogen auf die im gesamten Erzählzyklus verhandelte Problematik historischer Ereignisse scheint es, dass Goethe der

Zeiterfahrung der Revolution als disruptivem Ereignis ein Zeitmaß der stetigen, evolutiven Bewegung entgegensetzen möchte.

Wie Bernd Witte gezeigt hat, bildet das Opfer als Extremform der Entsagung das gemeinsame Leitthema der *Novelle* und des *Märchens* (Witte 1984). In der Entscheidung der Schlange, sich zum Wohl der Gemeinschaft in eine Brücke über den todbringenden Fluss zu verwandeln und sich dergestalt selbst »aufzuopfern, ehe ich aufgeopfert werde«(S. 63), stellt sich die in der Rahmenerzählung von der Baronesse geforderte Opferbereitschaft als höchst erfolgreiche Sozialtugend heraus. Nun steuert die Schlange auch einen weiteren zentralen Satz bei. Bevor sie zur Brücke wird, muss sie im versunkenen Tempel einige Rätsel lösen: »Wo kommst du her? – Aus den Klüften, versetzte die Schlange, in denen das Gold wohnt. – Was ist herrlicher als Gold? fragte der König. – Das Licht, antwortete die Schlange. – Was ist erquicklicher als Licht? fragte jener. – Das Gespräch, antwortete diese« (S. 40 f.). Die Hochschätzung des Lichts, die das *Märchen* mit Goethes Farbenlehre verbindet, ist als Allegorie des Wissens beschrieben worden (Sullivan 2006). Hervorzuheben ist aber auch, dass im Rahmen dieser störungsfreien Wechselrede der Leitsatz vom erquicklichen Gespräch fällt, der das *Märchen* an die Problematik der *Unterhaltungen* zurückbindet. Vor dem Hintergrund dieses Leitsatzes wird die aus der Schlange gebildete Brücke, auf der Wanderer »emsig hin- und widergingen« (S. 70) als Modell einer gelungenen Kommunikation lesbar, die konkurrierende Positionen nicht zusammenfallen lässt, wohl aber die Differenzen überbrückt (Oesterle 2001, S. 206). Hier hat der von der Baronesse geäußerte Wunsch nach Unterhaltung als einem geregelten Miteinander, das sich im Kreis der Erzählgesellschaft nicht recht einstellen mag, sein Bild gefunden (Zumbusch 2011, S. 317). Mit dem Schlussbild einer idealen kommunikativen Verbindung, die den herrschenden Streit der Parteien befrieden könnte, liefert das *Märchen* trotz oder gerade aufgrund seiner autonomieästhetischen Prägung den abschließenden Kommentar zur zeitgenössischen politischen Lage, den sich Goethe in Schillers *Horen* erlaubt.

Während Goethe in den *Unterhaltungen deutscher Ausgewanderten* die von Boccaccio eingeführte Rahmen-Binnen-Struktur aufgreift, wird die *Novelle* 1828 als eigenständiger Text publiziert. Damit steht die *Novelle* im Kontext einer sich im 19. Jahrhundert vollziehenden Autonomisierung der Gattung, die nicht mehr nur in Erzählzyklen eingebettet wird, sondern immer komplexere innere Rahmen- und Binnenstrukturen ausprägt. Goethes lakonische Titelwahl muss angesichts der generischen Unentschiedenheit in der Entstehungsgeschichte des Textes überraschen. Als Goethe im Balladenjahr 1797 Schiller unter dem Titel *Die Jagd* erstmals von dem Sujet berichtet, deutet er eine Tendenz in Richtung der Ballade an; Schiller stellt sich eher ein Versepos antiker Prägung vor. Erst 1826 greift Goethe die Idee wieder auf, entscheidet sich nun aber für die Ausarbeitung in prosaischer Form. Aufschluss über die Titelwahl, die wohl erst im Rahmen der Drucklegung stattfindet, gibt die von Eckermann kolportierte Äußerung: »›Wissen Sie was‹, sagte Goethe, ›wir wollen es *die Novelle* nennen; denn was ist eine Novelle anders als eine sich ereignete unerhörte Begebenheit‹« (Gespräch mit Eckermann, 29. 1. 1827, FA 39, S. 221). Goethes Rede von der ›unerhörten

Begebenheit‹ wird seither gerne herangezogen, um die Novelle als dramatisch verdichtete, um einen Wendepunkt herum organisierte Erzählung zu bestimmen.

Auf den ersten Blick ganz vorbildlich besteht Goethes *Novelle* aus einem einzigen Handlungsstrang, der, am wandernden Sonnenstand eines Herbsttags orientiert, im überschaubaren Raum zwischen Stadtschloss, Markt und der gegenüberliegenden alten Stammburg abgewickelt wird. Die Erzählung beginnt im Morgennebel mit dem Aufbruch des Fürsten zur Jagd und seinem Abschied von der jungen Fürstin, die mit dem Fürst-Oheim und dem Hofjunker Honorio zurückbleibt. Nachdem die Daheimgebliebenen einen Blick durch das Fernrohr geworfen und die neu angefertigten Zeichnungen der verfallenen Stammburg betrachtet haben, fasst die Fürstin den Entschluss, selbst zur Burg aufzubrechen. Der Ritt über den Marktplatz, an dem gerade eine gut besuchte Handelsmesse stattfindet, löst die Erinnerung des Fürst-Oheims an einen traumatisch erlebten Stadtbrand aus, der sich nur kurz darauf wiederholt. Als Katastrophe erzählt die Novelle aber nicht den Ausbruch dieses Feuers, sondern eine zufällige Nebenfolge. Denn die Fürstin und ihre Begleiter begegnen bei ihrem eiligen Abstieg vom Berg zwei aus den brennenden Marktbuden entlaufenen Raubtieren. Honorio erschießt den Tiger, bevor der Vater der nacheilenden Schaustellerfamilie den dazukommenden Fürsten überzeugen kann, den noch freilaufenden Löwen einfangen zu dürfen. Das Ende der Erzählung führt auf den im letzten Sonnenlicht liegenden Burghof, in den der Junge und der von ihm geführte Löwe Einlass finden. Die Mutter und der alte Burgwärter werden zu Zeugen der erstaunlichen Zähmung, die der Junge mit einem Gesang, der im Text in mehreren Gedichtstrophen repräsentiert ist, bewerkstelligt.

Deutungen der *Novelle* haben meist an diesem Ende angesetzt und den idealen, wenn nicht utopischen Charakter dieser Figuration hervorgehoben, in der die Versöhnung des Menschen mit der Natur ins Werk gesetzt sei (Staiger 1942; Jacobs 1982; Boyle 2003). Wenn die Kunst in diesen Deutungen als Instanz figuriert, die bei der Harmonisierung des schmerzhaft Auseinandergetretenen behilflich ist, dann muss diese Grundintuition in zweierlei Hinsicht differenziert werden. Zum einen lassen sich Natur und menschliche Kultur in der *Novelle* kaum als getrennte Größen auseinanderhalten, treten sie doch stets als Mischformen auf (Sturm 2015). Bereits am Textanfang, der vom Aufbruch zur Jagd erzählt, gerät in Gestalt der Pferde und Jagdhunde eine domestizierte Natur in den Blick. Das Motiv einer Zähmung tritt in den längst dressierten Wildtieren der Schaustellerfamilie in den Mittelpunkt der Erzählung. Aber auch in den durchquerten Naturräumen sind natürliche Gegebenheiten und menschliche Interventionen schwer zu trennen. Der Ausritt zur Burg gibt Ausblicke in sorgfältig bewirtschaftete Kulturlandschaften, und die Beschreibung der auf dem Berggipfel gelegenen Burgruine, einer vermeintlichen »Wildnis«, formuliert der Fürst prägnant: »niemand wüsste zu sagen, wo die Natur aufhört, Kunst und Handwerk aber anfangen« (S. 8). Zentral ist dabei die im Burgberg ins Bild gesetzte Vorstellung von einer »ewig lebenden und fortwirkenden Natur« (S. 8), die, nun weit über die organische Natur der Pflanzenmetamorphose hinausgehend, auf den prozessualen Charakter einer permanent in Bewegung begriffenen Natur verweist. Zum anderen führt die *Novelle* nicht nur die Leistungen einer im Singular angesprochenen Kunst vor, sondern unterscheidet und vergleicht Gattungen und Medien der unterschiedlichen Künste. Mit gemalten und gezeichneten Bildern, dem Flötenspiel, dem Gesang und den eingerückten lyrischen Strophen thematisiert die *Novelle* mehrere Kunstformen sowie deren sinnlich-aisthetische Voraussetzungen. Ob in diesem versteckten Wettstreit die Lyrik (Bahr 2018) oder die Musik (Jahn 2001; Neumann 2012) den Preis davonträgt, ist zuletzt schwer zu sagen.

Komplikationen ergeben sich auch im Hinblick auf die bereits angesprochene Gattungscharakteristik der ›unerhörten Begebenheit‹. Anders als es Goethes Formel nahelegt, berichtet die *Novelle* von einer ganzen Reihe von bemerkenswerten Vorfällen (Schneider 2017). Dies betrifft zunächst das Ereignis des Stadtbrands, mit dem sich die *Novelle* in die Tradition einer Gattung stellt, die seit Boccaccios *Decamerone* als Krisen- und Katastrophengenre gelten kann (Gailus 2002/03; Anderson 2019). Nun steht der Brand, der sich der jungen Fürstin durch die »wiederholte Erzählung« (S. 17) des Fürst-Oheims gleichsam ins Gedächtnis gebrannt hat, von seiner ersten Erwähnung an im Zeichen der befürchteten Wiederkehr, die sich in der *Novelle* denn auch ereignet. Die Erzählung dieses zweiten Brands verschiebt insofern den Fokus, als der dadurch bewirkte Ausbruch der wilden Tiere den eigentlichen Erzählanlass bildet. Hier wechselt die *Novelle* in den Ereignisbereich des Abenteuers, der sich mit dem Wunderbaren und Zauberhaften verbindet (Mülder-Bach 2019). Im Text selbst werden weder der erste oder der zweite Brand noch der Ausbruch oder die Tötung des Tigers, sondern vielmehr die beschwichtigende Kraft des flötenden und singenden Knaben zum »seltsamen unerhörten Ereignis« (S. 23) erklärt, wobei auch hier das Prinzip der Verdopplung greift. Nicht nur treten in Gestalt des Tigers und des Löwen zwei Wildtiere auf, der Knabe muss auch erst die umstehende Gesellschaft, dann den Löwen besänftigen. Ausgestattet wird dieser Auftritt des Knaben mit intertextuellen Anspielungen, die vom antiken Sänger Orpheus über den alttestamentlichen Daniel in der Löwengrube und den heiligen Hieronymus, der einem Löwen den Dorn aus der Tatze gezogen hatte, bis zum Kunstmythos der Zauberflöte reichen. Das Prinzip der Wiederholung wird im Gedicht des Knaben schließlich zum ostentativ ausgestellten Strukturmotiv. Das Kind dichtet, indem es einzelne, aus Bibelversen montierte Zeilen mit geringen Abwandlungen, aber in immer neuer Reihenfolge wiederholt (Klingenberg 1987). Der abschließende Sprung von der Prosa in die poetisch gebundene Rede Goethes enthält somit auch den Schlüssel für die Erzählform der *Novelle*, die gerade nicht von Singularität und Neuheit, sondern vielmehr von Verfahren der Repetition und Rekombination geprägt ist. Dabei korrespondiert das eigenartig offene Ende der *Novelle* mit der potentiell unendlichen Fortsetzbarkeit des Lieds, das in den Formeln »fortsingend« (S. 32), »sang das Kind weiter« (S. 32), »sang so weiter« (S. 33) impliziert ist.

Von diesem Schlussgedicht der *Novelle* lässt sich zuletzt auch ein Bogen zurück zum *Märchen* schlagen. Über den Gesang des Knaben wird gesagt, dass er wohl keinen neuen Sinn hervorbrachte, »doch das Gefühl in und durch sich selbst aufregend erhöhte« (S. 28). Ganz ähnlich heißt es im Vorlauf zum *Märchen*, die Einbildungskraft solle, »wenn sie Kunstwerke hervorbringt, nur wie eine Musik auf uns selbst spielen, uns in uns selbst bewegen, und zwar so, daß wir vergessen, daß etwas außer uns sei, das diese Bewegung hervorbringt« (FA 9, S. 1081). In beiden Texten wird also die Musik als Paradigma einer nicht-mimetischen Gefühlskunst (Dahlhaus 1988) für literarische Formen in Anspruch genommen. *Märchen* und *Novelle* treffen sich mithin in der Vorstellung von einer ›in und durch sich selbst‹ in Gang gehaltenen Bewegung, die sowohl die Emotionen des Publikums als auch die Selbstbewegung der produktiven Einbildungskraft betrifft. Diese Phantasietätigkeit wird in beiden Texten in enger Analogie zur Natur konzipiert. Wo das *Märchen* in der Bildung und Umbildung seiner Figuren und Gegenstände das in der Natur wirksame Prinzip der Metamorphose nachstellt, folgt das in der *Novelle* entworfene Bild einer unendlichen Produktivität der Dichtung dem in den Landschaftsbeschreibungen gewonnenen Gesetz der »ewig lebenden und fortwirkenden Natur« (S. 8). *Das Märchen* und die *Novelle* führen die Leistungen einer Dichtung vor, die weniger Natürliches nachahmen, als vielmehr dem Grundprinzip der Natur folgen soll. So weisen sie zuletzt weit über ihre titelgebenden Gattungen hinaus auf die Dimensionen des Dichterischen, die um und nach 1800 neu abgesteckt werden.

Inhalt